DIETER
SCHLESAK

AUFBÄUMEN

GEDICHTE
UND
EIN ESSAY

ROWOHLT

1. Auflage April 1990

Einbandgestaltung Walter Hellmann
Satz Bembo (Linotronic 500)
Gesamtherstellung Clausen & Bosse, Leck
Printed in Germany
ISBN 3 498 06241 7

Meinem Sohn Michael

PROLOG NACH DEM ENDE

Ein wenig Nie verging

ES IST längst ausgestanden
nur manchmal tun mir die Füße weh
vom Stehn.

Und etwas das meine Kehle zudrückt vergeht.
Dies Würgen im Hals ist nun überall.

Etwas ist auf der Strecke geblieben, unnennbar
zwischen Sprache und Tod, sie aber
fliegt, sonst wär sie ja Staub, über alles hinweg.

Und sie sagen, du hast überlebt.

*

Was sonst noch wäre / kein Hals
mehr für oben: der Galgen ist
eine Feder.

X

WER IST NOCH AUSGEWIESEN

FRAGMENTE FÜR DAS GEWESENE KOMMEN

Wie dann noch
reden.

Als säße er auf der Leitung
«verkohlt am Traumende». Und fällt.
Vor dem Abgelebten,
der Tod.

Hirnträchtig Heilige Kühe
voll mit Gras innen und lassen
mich vergessen rückwärts zu lesen.

Mutter Sprache ist mit mir
weit Weg und schön
von Sinnen.

Der Himmel oben blau
gestreift Wolken Meer –
immer noch da / das Bild.

Streich Wolken Himmel
Blau Meer: immer noch da
das Bild mit der fliegenden
Feder hier durch: Viel Rauch
anstatt Geruch wie schön
die Wolken einst zogen im Hirn:

Streich durch was Himmel war
gebrochen und wir.
Darüber die Erde tief;
der vergangenen Zeit
entsprochen.

HÖLDERLIN. Nürtingen. Bordeaux.

Über die Grenze kam er
nie hinweg, er

fremd an
zu Hause.

Blöde. Nichts anderes
als treu,
nahm die Mutter
wie ein Irrer,

der dachte,

ein Geist in den Zimmern,
seine Erscheinung ein Trug,

liebte er,
ein geborener
Sohn.

UND WAS MIR FEHLT bleibt
unbeschreiblich wie
nach dem Überschreiten der Grenze die
kürzeste Strecke / unbemerkt

verging in Erregungen der Ankunft
die nie eintraf

es begann / irgendwo an der Theiß
und die beiden Enden vertauscht
ein Fluß also / der zweimal
nicht hält / ein Ort aus dem Flugzeug

erkannt eine Stunde
nach Abflug

Mit einer Blume winkte Magdalena
getrennt / durch Glas schon
von mir

das Winken wie auch das Wachsen der Blumen
und die Gefahr die mich am Leben erhielt
mit blauen Hüten Angst vor blauen Bohnen / Schatten

Blauäugig
war der Abflug denn
das Wetter war gut

Die kurze Strecke danach
die ich versäumte / landzu
ohne Schüsse
bleibt / wo ich bin
nie erfahrbar / hier

Wenn du den Übertritt merkst
ist es zu spät

IN UNSERER SCHWARZEN STRAHLENBOX
ist Terra nicht mehr da

Abnahme
Welt ein Kaum
noch farbenfroh

nichts mehr
tut weh

Unfroh / Vergessen
schenkt der Troglodyt

hirnfarbne Stein-
Zeit.

*

AUFLEBEN
Sinn berührter
Hirnblüte Duft

So brennst du
hell sichtbar
geworden.

*

NICHT GANZ NUR IN SPRACHE
Gottseidank ist zur Erholung / gering:
fügen und weniger Angst so billig erhalten
zu haben.

Diese frißt immer innen
daher erinnert sich niemand so gern
im einzigen Paradies / schlagfertig am besten
daß dies durchaus eingebildet ist / nämlich
Leben.

EINEM, DER NIE ANKAM

Für Rolf Bossert

1

Wo du liegst ohne Worte zu blaß,
und atmest das Hallen ohne Gedanken, fort
eine Ewigkeit und länger.

Fühlbar nie Gras auf den Steinen, und das Hirn
gerissen, ein Summen von Augenblicken.
Welch ein Sprung, der nie ankam.

Letztes Gefühl, am heutigen Morgen gesehen
im Auge des Wannsees. Und die alten Toten
unter dem Eis.

Was als Beton noch lebt, kam als Enttäuschung an,
Grenze. Wir dachten, es gäbe ein Land unter den Füßen,
doch es hielt den heißen Sohlen nicht stand.

Früh brannte der Boden. Doch wohin
zur Zeit der Vorläufigkeit. Aus-
siedeln?

Ganz dicht, exzentrische Bahn: nur
der Tote käme noch an, käme einer, du denkst
nicht ans Rote, du denkst an den Lichtbart.

2

Du aber kommst von unten. Und hast einen Körper,
verfügt der Beamte, schließt die Akte Deutschland
im Himmel. Du aber kamst blutend ins Nichts,

trugst schon den Boden im Kopf, und das Unten
an den Sohlen. Und die Wunde wuchs an den Rändern
durch, da fielst du hinein.

Das letzte Fenster nahm in deinen Blick
den Boden mit.

Ich ging mit dir am Eis entlang, der Wannsee,
das alte Auge, sagtest du: zu Hause
ein Dichter erschlagen vom Staat, wir sahn ihn
er lag im Sarg, nur von unsern Gedanken getragen,
mit einem Loch in der Stirn.

Was hast du erwartet, Hans im Glück,
daß noch Leben beginnt? «Nichts ist verkehrt,
ich atme Glas. Ein Apfel aus Beton im Gras.»
Der Teufel die Zunge holen.

DAS GEDICHT

Die Hoffnung die sich selber löscht

Leichte Vögel / nehmen sich frei
oder Schneeflocken gleich
vergehn auch Seifenblasen wie sie
versuchen ein großes leichtes Herz
zu haben.

Kein Vers erreicht den Hunger
Schreie / unter der Folter die Wand
nicht nur der
Erschossenen wenn der Kopf
sinkt.

Hier gehn wir schmerzlos über die Zeile

Was es an Hoffnung noch gibt steht
im Gedicht / nichts mehr
was möglich ist.

SPHÄRENKLANG
von Schönberg vertont: Es
ist alles Eins.

Soll ER nun
zu uns
beten?

Null, 10
9, 8, 7, 6, 5, 4, 3, 2, 1...
Null.

VOLLE LADUNG, die Welt
ein Tumor an der Schläfe.
Schreib
ab.

ZUM HERZZERREISSEN, komm
wir müssen uns nie
trennen, wir
trennen uns immer,
spürst du
in der Luft
dieses Adieu?

CHRONOKRATIE

Zeit, Gespenst meines Kopfes,
grausamer Herr, der mich jagt,
ich glaube an dich.

Herr der Zeitersparnis, Herr, der Hetze,
der Wahnzeit, Herr der Augenblicke, elendes Paradies.

ER aber, läßt er sich
überlisten.
auf Matt Scheiben, er,
von dem keiner
Nichts weiß. Hinter seinem
Rücken vorbeijagen, die Ewigkeit
erreicht auf die Schnelle?

Du alter müder Herr,
wir leben nicht, leben
im Zeitkrieg.

*

Ausgesiedelt also
hinab zur genaueren Atomuhr,
sie ist hinüber ins farblose Jenseits,
das die Zeit stiehlt.

Hölderlins
Bordeaux? Und Patmos, die Insel?
Und dann Johannes 15?
Wer doch verkommen wie er,
in der Sprachzeit langsam nach Haus
kommen könnte. Zu Fuß
nur mit einem Zeitwort auf
staubiger Landstraße. Wir aber
tragen den Augenblick im Autofenster
und die Sekunde rollt an den Reifen. Kein
Land, Nie, Land,
dieses Anderswo. Und altes Heimweh
hinkt nach.

Selbst der Mann
einer Chronokratie, Ich sein Kind,
das Riesenmaul vor mir, fange
das Wasser, mein Leben an:
mit Gedanken
Netze, Knoten / vernetzt,
Zeitdisziplin.

Am Ende nichts als Impulse
und gewesen.

ETWAS DAGEGEN UNTER NEHMEN sie bauen ich
weiß
alles
stürzt Pyramiden dagegen Pyramidon irgendwo einsam
ein Horn gelb
wie hieß der Ton
Reime wie Zufall
und doch bauen sie
Posaunen / und Mauern stürzen ein auf die Länge
unerträglich wie die zusammenfallenden Tage nach fünfzig
blasserschmerzen: gestern vor dreißig Tagen vor dreißig Jahren
das Gesicht
nur noch in Photoalben
nichts mehr erkennst du wieder was jetzt ist wer
hat uns hier ausgesetzt
tapfer glauben wir es gäbe diesen Tag: ein Montag vielleicht
oder aus Pschsalatdrumkont
wird die Erhaltung der Art
ein Buch auf Seite 365 aufgeschlagen sein
das Lexikon bei t wo alles Wissenswerte über den
TOD
steht
fast sagst du dazu «für immer»
Reiche stürzen Städte Heere verbluten das
Überschallflugzeug in die Erde gebohrt
Und Staunen, keine Mätzchen / obenhin rollen Reichsbahn
U-Bahn S-Bahn die Mauer rührt sich
nur / im geschlagenen Herzen
komisch
wir sind Tod und Leben / doch weiter.

LEUTEN BEGEGNEN gar nicht da

Sein. Anwesend nur
ein Pelz kein Händedruck die Lust
ist daran gestorben

Armut zu Weihnachten
innen das Eis die Gieskanne klirrt
dort / wo vorher Rosen waren
gemalt nur noch auf
Blech

Hunde Bellen in weißem Hauch
der brennt dir die Finger
gefrieren fasst Nichts mehr
an
die Leute sind
so klein.

UNWEIT VON PISA steht die Unzeit, / der Turm
fällt um. Von unten gehst du hoch, warum,
die Sprachen fallen
aus.
KEIN Stil in einem Zentrum / Galerien
im Bild siehst du dich klein,
        als wärst du
drin / wie auch / sowohl im Vers gefügt:
und auf der Wiese hab ich Angst im Gras, kehrs endlich um,
im Kopf schaff ich ein wenig Platz,

da steht der Turm und trägt wie Blau
den Himmel

        im Substantiv davon.

LICHTJAHR DER MINIATUREN

1 CASA NUOVA

Mein C ist konstant und in anderer Sprache.
Deutsch aber vergeht wie ein Hauch auf der Zunge
und H nichts wie aus.

In Armenien Tausende unter den Trümmern
Haus. Und zu Hause ein Abriß,
Wind, wo es stand.

Dort steht wieder Beth
Bild an der geschleiften
Schlafzimmerwand. Betende Hände,
Gott wie alt.

Mild ein Vergessen
meine rosa Wand
wie eine Schrift die Blüte
Was geschieht, was kommt da
die Hintertreppe herab

Je näher wir kommen
je näher er kommt
je näher
die kreisrunde Pupille
sieht

ists ein Röntgenbild
und das Auge nur noch ein schwarzes Loch
mit ihm rinnt die Welt ins Erdreich zurück.

Die große Klarheit
tut nicht mehr weh
sie löscht das Gedächtnis
löscht auch den Durst
und sieht durch die Welt hindurch

Mein Haus zieht für immer
aus.

2 TORCIGLIANO

Klingt klein der Olivenschatten?
Lust nach der Ferne?

Und Rilke als Orpheus verkleidet.
Von oben die Vögel gleicht der Himmel
als alter Hut auf einer Olivetti
und Alpha der Hund.

In der Odyssee war das nicht anders
die Löcher rufen Immer zu.

Meere Länder Grenze der Blick

Die Schafherde mioritisch
was war blickt zurück
Hellou ruft daneben
ein Amerikaner. Genosse Adam.
Nun kaufen sie Häuser auf.
Und was einst, sagt einer, Idylle
war, wird teurer und rar.

Terralba soll schützen, macht heilbar
ein Engel im Audi.

Mioritza ist hier ein prophetisches Lämmchen
der Kindheit Krokusse sinds und der Rusper
für diesen Augenblick der längst vergangen
Wer hier das Wort hält, sucht.

Das Lamm hört Symbole
und sie können mich kreuzweise schlafen
unbewegt stehn sie Kopf an Kopf
ein Horchen nach Wo das noch immer geschieht

die Schallmauer durchbricht dieses Klopfen.

3 Für L.
PEDONE Fußgänger
der Luft
Blicke nah und höhensüchtig
täglich
aus deinen Augen Fenster
hinauf
wo mich niemand mehr sieht.

AGLIANO Felder
die Forschung im Lorbeer
zu blühen weit ins Unbekannte mit dir

mit weißen Blättern weißen Wäldern
über den April und das Ende
des Winters mit Tieren Bauern und
einsamen Geistern / hier.

Stellt die unmittelbarste
Verbindung daß es nicht aus sei
die Strecke zu allem
entferntesten Licht

Das dem Wort eine Zutat
alienus ja ist der Fremde
zutraut und nicht
auf der letzten Strecke bleibt.

Ist hier nun blühender Schnee
Schuhe im Kirschbaum
gelernte von früher?
Wo wohn ich die Hand im Klee
geschrieben auf ein Blatt.

MEINE ERFAHRUNGEN
haben eine zu schöne Umgebung
es ist keine Kunst hier zu überleben

Zu Grunde
gehn aus Mangel an Reibung

Florenz und Rom
sie sind zu gut bekannt, es ist
keine Kunst sie zu benennen

Gestern freilich
da wurden zwei Männer / erschossen
aus Versehen

Zu Weihnachten explodierte
die Zeit in einem Tunnel
als Zug getarnt mitten im
kalten Winter

kam Christus
auf diese Welt zum Glück
weiter südlich als es noch Rom gab

Meine Erfahrungen hatten keine
Umgebung, gottseidank.

KLOPF NICHT AN DIE TÜR
tritt ein mein Guter

Seit sie nicht mehr kommen
die Ledernen, Mäntel
Stiefel aus Worten
Gebelle

kommt er immer
nur an, summend
ihr Stellvertreter hier
der Sensenmann in schöner Gegend
fad wie das Meer.

PAGANINI I

Pause Hier spielt
sein Grab in Stagliano, Genua,
sieht das Meer. Wer?

Dreifach. Dreiklang, Geigen und Galgen hängen
wir nicht hoch. Oder am Himmel. Du Herrgott Zwischen
wie eine Terzine die Note in seinem Kopf

besessen.

Ein Teufel, sagen sie, Dämon,
die Sekunde ein Tremolo: virtuos, so über-
leben und endlich alles vergessen.

PAGANINI II, Eine Biografie

Gestorben, Ja, verdorben, mein Fleisch
und was, du, Herr ist außer dir noch nah,
Musik, sagt Nichts.

Aus, wortlose Folge
gelebt, im Herzen bist du da, spielst über dich
hinweg vor Angst, bleibst leer und lebend nur Virtuose,
daß sie dir mit den Ohren folgen können.

Doch sie wehrten sich. Sie ließen ihn
nicht mehr vergehn.

Verdorbenes Nie, 5 Jahre lag er präpariert für jede Ewigkeit
in einem Keller. Dann kam der Überlebte Tod nach Parma,
und kam dann auf sein eignes Gut, und kam auch in die Erde,
und kam und kam und ohne jeden Ton,
Stagliano, Genua, ein Grab sah dann
stillschweigend Meer.

Kein Ton, das Spielen fällt ihm seither
schwer, und schwerer, fast wie Erde, die uns
deckt. Die Umkehr wartet: Ton tut not.

IX

TOR EINER SINNENROSE,
DAS LUSTSYMBOL DER RISS

KÜHL GESTERN NACHT in Liebe abgeseilt
Die Sinne schwanden / Mitte der Nacht
Das Jetzt riß ab: im Stilbett eines Reizes

Tor einer Sinnenrose. Entfaltet
Weiß das Feld der Atmung

Und Sesam offen / haargenau
Die Springflut.

Die Seile angespannt
Kommt ihr hinüber

Die Spanne weit

Das Lustsymbol
der Riß.

TRADITION

Wir saßen am Rand
Stadt oder Land am Meer
und küßten uns wie früher im
Paradies. Zeig deine Feige her.

Die Monde sind besucht und fallen,
Es ist recht spät die
Herbstzeit losen aus
Und in der Ferne ein Lied: Bist du
Fiedelmann, bist du Dantzer,
bist du halber Narr, bist du
ein ganzer?

HERZBLATT. FRAUEN. OPFER
Für dich

Ein Baum soll singend treiben
Blüten Lebensfrüchte ja
der Erkenntnisbaum. Du aber
schüttelst die Bett Tücher aus
in die Winterluft Federn –

schreibst Frau Holle Mutter nur
leichte Flocken die Ungebornen aber
um anzukommen auf dieser Seite
schreien und dehnen lang
zarte Glieder im Hirn weiß
schmerzendes Herzblatt.

Deine Stimme wird hörbar
schwächer und schwächer hinter
den Wänden die ortlose Wunde
zu befestigen ein Haus
wurdest du eingemauert.

KEINE ERHEBUNG MEHR, außer
Hügeln. Hiat im Ich und Du.
Letztes Zittern
über allen Gipfeln, Gott
der der Tod ist, gibt
keine Ruh.

Alles nur Maschen
zu weit
ein Stottern
Ufer Grammatik
Letztes Geleit.

ZWISCHENTÖNE
Für Ernest Wichner

Angerührt
von etwas wie es plötzlich
einleuchtet

das Leben
oberhalb und
unterhalb
der Sprache

ist selten
draußen

vor der Tür
verschiedene Riegel

jeder erste Satz.

DER FALL. DIE REDE
(Cappella Sistina. Rom.)

Rede verführt und die letzten Worte so
überhört jede Sekunde außer Takt
die Welt ersetzt wir sind
Gesprochene.

Die Frucht fiel klanglos dumpf
auf die Erde darunter verging sie
Blattlos. Bekannter Vogel
feder lose Schrift nun
die abgerissene Sekunde

Sieh Adam und Eva trennten
mit den Armen Haut und Haar erdig
von Grün und fest ein Leib wie verpackt war
das Licht.

Essen aber hält nicht zusammen
und heilt auch nicht
Liebe

Von jetzt an aber krank durch
den Abgrund des Todes
Getrennte sie hoben sich selber
nicht auf sehr schwer wiegt die Rede
der Schlange im Mund hält sie noch
einmal und nie verbunden

die Wunde was aber verbindet
Schnitt und weiß daß es trennt.

SCHÖN, siehst dus nun,
«Die weißen Tauben flattern auf,
die Einsamkeit ist wie ein Berg
aus Ton.»
Du hörst ihn an, er weitet sich,
steht über dir,
ererbt und mit Ideen begangen.

Wir sind vielleicht auf diesem weißen Blatt
zu zweit, in dieser weißen Gegend
warten wir, und wissen,
was uns blüht.

Die Zeit ist reif, sie
kommt gewiß.
Die Liebe ist verpackt im Leib.
Der Schnee fällt auf das Haar,
ist weiß.
Wie wir verglühn,
nur der Gedanke bleibt.

Der Himmel, heißt es,
sei sehr nah.

Die Gleichnistauben flattern auf.

Wann fahren wir
aus der Haut.

LÄHMEND

Das Entsetzen
nicht hinaus zu können Zellen
wachsen um mich zu
Silben aus Fleisch
und Augen leuchten ihm ein
der Blitz darin das Fenster

Wenn der Tod mich hinaus
läßt beginnt es
lautlos zu schrein

Abdruck des Körpers
entlang das Bewußtsein
wiegt ihn noch auf
dem Gewicht der Erde

Das Auge die blinde Blume
schlag ich hier ein.

KLEINE BEOBACHTUNGEN

An der Insel Paolina in Elba haben
die Felsen harte Geistergesichter
Millionen-Jahre-Rillen
wessen Gedächtnis

Eine Höhle auf dem Fels da spreizt eine Nackte
die Beine; ich sah hart auf weich
geschrieben mit langem behaartem Ritz

rosa die Blüte rundlich
wo du eingehn willst
uralt in die Amöbe

Mit dem Blick in Sicherheit,
versteckt vor dem Tod.

AUGENTIER

Du bist das Augentier, traust
deinen Augen, glaubst
was du siehst. Aber
24 Mal verfliegt die Wahrheit
in der Sekunde, im Tor der Sinne.

Das Land ist nicht mehr sichtbar,
es verflüchtigt sich
schneller als der Gedanke.

Unendlich viele Uhren ticken schon,
die Eigenzeiten kippen,
die Liebe federleicht, fliegt fort,
die Uhren haben die Genauigkeit
des Todes, sie

zeigen an
wie spät es ist.

WIRKLICHKEITSWAHN
aber noch immer im Satz
und am Wortstamm die Schlange
verführt. Weißes Blatt, kühl.
Und erinnert.

Dazwischen liegt Er, Ja,
eine Schatten Frucht Einst
und noch leer.

Am Pfahl da wartet es
wie ein Gewehr ein Blitz
ein Kommando. Aber du hoffst.
Stehst und hoffst
sehr in letzter Sekunde.

Sonne, die brennt. Glut
Zu Mittag vergessen
was Gott war. Alt und
vergessen. Verhangen
Verhängnis wie
ein verlornes
Komma rennt
die Zeit ja
zu ihm.

*

Verhangen Verhängnis
Iris. Nur schauen
Dreieck und Rohr
irrlichtern
Hämmer im Kopf
und betäubt

Atomschleier:
rund rast wie Licht
Er selbst
oh, Auge kein Staunen.

GLEICHNISSE sind gemeinsame Herzschläge. Dem, was ich so betrete (an diesem «Ort»), gebe ich mich: und nehme es zurück.

Wir lagen ineinander, Eins; immer der gleiche Rhythmus. Vom Meer trug er uns zu. Die heißen Körper, sanft und fruchtig.

Und ich legte dir diese Pflanzenteile, langer dreifaltiger Blütenstengel: faltendes Objekt, zum Kinde zusammen.

Der Fisch, jetzt unter meinem Bootsschatten im Grün, wundert sich nicht, daß ich ihn «Fisch» nenne.

Ich erreiche ihn nur, wenn ich ihn fasse; er gleitet mir glitschig aus der Hand. Wenn ich ihn fasse – bald ist er tot, kein Fisch mehr, ein «Fisch».

Er ist genau so schnell und nicht faßbar wie mein Leben.

JAHRE, VERMESSEN

Für L.

1

Läßt sich mit Daten etwas messen? Ist es zu nah,
ein Schrecken
wie ein Todes Fall. Kann man wie Abzählreime
Jahre an ihm messen? Mir liegt er nah, ich zähle
mit, Sekunden, Jahre hier mit dir.

Dann gehe ich hinaus. Ich gehe
Atem schöpfen.
Es ist als wäre, was wir sind Licht
Jahre / draußen –
der Kauz viel näher. Ein Trost,
dies Sternenfunkeln, und Einstein hier
zu Gast.

Es riecht nach Rauch und Winterfrische
Und unsere Augen lernten diese Bäume grüßen,
den Garten, der, so schien es, wie der erste ist.

Ich kann dir deine Jahre hier nicht messen,
was außen blieb, was in die Tiefe sank.
Was wir erfuhren, wird uns nicht vergessen.

Und dieses Blättern eines Winds, unheimlich
Greinen, ists ein Kind, die arme Waise?
Wer bist du, niemand,
den ich Niemand heiße. UND
der sich mir
zu einem Traum verband,
der sich «das Leben» nennt.

2

Ich steh jetzt auf, und laß die Zeilen liegen.
Und geh hinaus in jenen Raum,
den Augen-Schein. Das schöne
Etwas, das sie Fixstern nennen, steht
über lauter schönen Namen: Wolke, Wald
und Nacht. Schade, daß keine Engel kommen,
mit jenem Lichtblick Astronauten, die
auch den Blick mit einem Verb
durchbrochen haben. Und im Gedankenmikrophon
ertönts: Die Hora mortis war ein Trick,
damit sich keiner aufzubäumen traut.

Das Funkeln kommt jetzt näher,
steht still, als wärs ein
Fahrzeug der Distanz. Es redet
mit dem Blick: ich bin noch weit,
die Spanne Nein zurück. Ein Blitzen ists,
in der Pupille wird es / kalt, und blendet wie ein
Augenpunkt. Die Täuschung in mir, daß die Zeit
vergeht. Fixstern Ferne unverrückbar –
halb ewig Stille steht.

Ich seh dich erst im Näherkommen, das
unsere Zeit wie einen Liebes-
blick verbrennt: der niemals ankam
all die Lebens Jahre, uns nur die Zeit
nimmt, uns nie kennt.

Seh ich dich
erst im Näherkommen, wenn es zu spät
ist, Herz der Täuschung, und deine Hellsicht
den Betrug erkennt?

Wenn wir uns nachts im Schlaf
berühren, sind wir uns
fremd.

Wenn einer fragt, wer ist die Frau,
dann weiß ich nichts
als einen Rahmen. Ich weiß nicht,
wer du bist, bist du und ich und
bist die vielen Jahre, und auch die Nacht,
die das Bewußtsein löscht, so daß wir
nicht mehr sind. Der Körper Haut und Haare.

So wird's einmal
im Tode sein,
wenn wir uns wiedersehn,
und alles, was wir waren.

3

Wo bist du Liebste, wortlos, Sprachschatz
der Gefühle? Weißt du das Falsche?
Und wo es stimmt? Mit unserem Leben,
Klang stört Wahrheit, daß unsere Zeit
verletzt sich nimmt.

VIII

ECHO. SPRACHE, DIE BRÜCKE

RINGS UM MEIN ZUHAUSE
dämmert es mir
im Regen / unter den immer noch
unsichtbar angelnden Göttern,
in Regenstreifen glänzende Glieder
am Olivenbaum vor meinem Fenster.

In seinen Blättern hängen die Pergamente
aus denen sie herkommen unsere Gedanken,
seßhaft geworden hier seit Jahren,
voller Ungeduld warte ich;

fühle nun über mir deutlicher
den ergrauten Himmel des Südens,
wenn mein abgestandenes Leben in mir
einschlägt –
im Gasthof Wort auf einem Blatt
die Anamnese
hungrige Einkehr.

Verzehren
muß ich alles, dann
geht es auf / am unbespielten Blatt
vor dem Haus.

Es dämmert bald, Zusammen
Hänge blitzen auf, die ersten
schweren Tropfen fallen, die
Fenster schlagen schon
es ist das alte Gewitter,
als käme ich nach Haus.

WALT WHITMAN UND DER BUSSARD

Grashalm verkehrt mit mir,
Gedankengänge schießen hoch wie
ein Ende, das in der Erde liegen wird,
horizontal.

Doch Gras wächst über den Leib.
Weiter und weiter wächst es
durch die Haut.

Hinausschießt der Gedanke,
in jene Gegend, wo kein Raum mehr ist
für den Tod.

*

Vergebens versteckt sich Uranus,
nach 12 Jahren haben ihn die Sonden erreicht.
Auch der Bussard gestern, der kreiste
über Stazzema und S. Anna, kam in mein Auge
hinab bis zur Kindheit,
und im Namen nun liegt er hier
geborgen samt Maus
bewegt über die Zeile.

ACEDIA

Jeder Sommer hat einen Tag
frei / bevor gestorben wird.
Viele sind schon gegangen.

Hören wollte ich Mahler, die Vierte,
und mich einfühlen. Da sang
dieser Juni in mir,
und schlug an.

Fern am andern Berg / vis à vis
flammten die Abendlichter auf wie
Sterne. / Vom Berg kühl das Rauschen, –
das wär, so abgeschrieben
in mir / die Melancholie. Reif sind
die Kirschen. Mit dem Geschmack
vom Tod im Mund. Mit dem Geschmack.

Das Käuzchen aus den Kastanien,
immer noch rauschts. Ich sitz wie
die Alten früher hier
auf der noch sonnenwarmen Steintreppe
vor dem Haus / hinter meinem Rücken / die Uhr.

HIERONYMUS IN DER ZELLE

Was bleibt, wenn das Fleisch
Verfault? Die Iris Initiale liest,
Solang sie eingepackt in Haut und Haar.
Was bleibt. Was liest. Die Schrift hat Augen.
Die mich sieht.

Der Schäfer nebenan hat Schafe.
Die Frauen Kinder. Mich setzt
Nichts fort: die Erde dieser Herr
In diesen Boden, der mich liest.

Bang vor dem letzten Ort.
Si tibi terra levis.
Ist Tod ein Gottesort?

Verkehrst mit ihr und ihm und dir.
Ein Loch schwört Erde. Du
redest dir ein, daß du bist. Rede
du schwerstes Nein.

Ein Gras, das wächst
in deiner Güte. Es wächst
in deiner Angst, was ist.

WIE HAST DU MICH GEQUÄLT

Langjährige Liebe
Zeile

Ein Pausenzeichen
oft nicht mehr
Atem geholt

Zuerst nichts als gedacht
und dann wars doch
ein ganzes Leben.

EINGESTIMMT im Akut
des gerade geöffneten
Augenblicks, trifft da eine
der vielen Stimmen
das Ohr. (Sonst taub.)

Über uns hinaus gehen sie
im Satz; alles was war, seit
es Sprache gab. Im Kopf dafür
ein Grab.

TROST DES WIEDERHOLTEN ABSCHIEDS

Als wir abfuhren von Porto Azzuro
am alten Leuchtturm vorbei, morgens
frischer Wind, noch weich die Nacht
über dem Wasser:

da dachte ich vor dem Gedicht
schön wie ein Trost
diese Milde / gegen die heftige Zeit: den Tod.
Und – jetzt bin ich wieder da
der Gedanke daran rettet
nichts, nichts ist vergangen.

*

Ein Haus, die genaue Vorstellung
fehlt, doch es ist immer da: märchenhaft
blau; die Kindheit, als das Abwesende
faßbar schien / wie ein Schatten sechs Uhr früh.
Oder der Große Wagen am fahlen Morgenhimmel,
gen Osten hell.

Jetzt sind es nur Worte, wie Drogen manchmal,
die alles ersetzen.
Könnte doch alles wieder
aus dem Namen fallen, am Geschmack
ohne Namen etwas wie Angst,
ein Apfelgrips in der Pause
auf einem Schulhof.

Da zeigten wir uns stolz
haarlose Knabenschwänze.

Weich faß ich jetzt, nackt, ein blaues Heft
auf dem Schoß schreibend mein Schamhaar an,
wie eine letzte Berührung, Griffel,
der mitgeht.

Weinend im Gebüsch raschelt
unsichtbar schmerzt ein Papierkind.

VII

TOD, DER LEBEN KANN

GESTERN GEHÖRT, und auch in mir die
Stimme, endlich
die größte Lüge seit dem Fall – die Grenze
zwischen Himmel und Erde gefallen.

Es gab eine Meldung quer durch alle Agenturen:
Die Toten sind gestern
Null Uhr
durchgebrochen:

Gespan, sollen wir dir
das Herz reinigen,
hallwegs in Moll?
Der Laut wortlos,
fester Boden aus Nirgendwo
heilt, die Frucht
spät unter den Gedanken
gefallen.

Für Ion Caraion

VERGESSEN der Namen,
ein Dunkel, ein Platz
wo sie waren,

Einfall, der
Wunsch nur ein Herz
für sie, nun
sind sie begraben.

Vornamen dazu, Zellen
wie Ion,
elektrisch, ein Arm
aus dem Grab im Kopf,
wie eine Gefahr / berührt.

Ein Foto, zusammengesetzt
Millionen Neuronen,
mein Jetzt, / das sie waren.

DER ZEITPUNKT. Keine Bilanz mehr

Es war Tat Sache, hinter mir
kam etwas, das nicht aus
zu machen war; aber unter dem Baum
im Hirnstamm kams an,
gewesen und ohne Datum
auch fort an bei mir vorbei.

Löschte das Augenlicht, also
die Landschaften und
Städte aus, trog
nicht mehr, Nein trank
die Welt täglich aus.

Es gab keinen andern Weg mehr
als Jahre: gingen hinüber
wo ein anderes schwereres Warten war
das Weinen das Lachen und jeder Erfolg Ja
die Frauen nur etwas Trauer

Als hätte ich alles überlebt.
Ein Anfang klopfte
ganz ohne Tür bei mir an,
keine Dauer, ein Leben, was
zu fürchten ist, hebt an und auf,
was war.

GESICHTER ABGEHÄRMT. Unerträgliche
Elegie

GESICHTER, abgehärmt. Das Auge
hinter dem müden Lid.
Kein Ich mehr wärmt und hält, wo das Gesicht,
das Land der Landschaft so zerfällt.

Wer kann heraus aus dieser Zeile,
als träumte sie, es wär ein Spiel für sich,
als wär ich er, der mit Parolen
die Häuser abreißt: Sie erinnern mich.

*

UND KEINE SEHNSUCHT MEHR,
wohin mein Blick hier fällt; ein Wappen, ein Tor, ein
Haus, ein Kindheitsbach, und die Libelle zählt hier
auf: ein Hauch Sekunde transparent. Der Boden aber war
gewesen, sagt ein Verb. Und war und nur gelesen.

Wohin, Landschaftsversuch, du Träumerin, die Hymne Iro-
nie birst mit der Mauer. Du bist schon längst hinüber.
Der Klöppel einer Glocke läßt die Zeit hoch leben
hinter dem Berg.
Es dröhnt andauernd, wenn du meinst zu leben.

*

ES GIBT DORT EINEN MANN, der schreibt, der redet.
Es gibt nur ihn, sonst nichts.
Im Wort vereist der Federstrich, und sensengleich
mäht er die Felder, die Dörfer, dort ein Mann,
der redet. Der fliegt hoch wie der Tod am Himmel,
meiner Stadt. So dumm und leicht. Am Himmel Dreck.
Und doch liegt meine Stadt darunter. Als wärs ein
kranker Mensch, der stirbt. Der Mann, der Tod,
der lebt.

LETZTE GRENZGÄNGE

Überaus ungenau
zwischen den Fronten
erschossen

Blüht auf
ein Loch
das letzte

womit wir atmen.

Nach der Grenze
schon lange kein
Land mehr

Kurzer Atem
Lauf ohn Anruf.

Für Borchardt, der 1945 in Trins starb

EIN LETZTES MAL du weißt
es gut
wohnt keiner mehr
und dauerhaft zu Haus.

Die Grenze höher
weigernd
steht.

Nichts das sich fortsetzt.
Dich traf
der alte Schlag vorher
das Ende
hast du gut.

BLUMEN, DORT nichts, kein
Hauptwort, keine Bleibe
blüht die Sinne an.
Sinne? Woher genommen, mundlos

gesagt, Worte durch die Trennwand
gedacht; dort bist du dich los.
Und die alte Wunde tickt leise.
Womit, welches Fleisch, das

verschwindet. Sieh,
deine Haut an, sie schreibt.
Blume, ein Wort nur, wehr dich,

das Gesagte zerfällt, weißt du,
daß das Versprochene dich weiß,
dich weitet und lebt?

VI

WAS VERGING, WILL LEBEN. UND ES WIRD ÜBERGANGEN

DAS PÜPPCHEN die gekrümmte
Pupille wer
sind wir. Fleischlos
zeige ich dir im Auge die Knochen
solange der Schein trügt.

Wer hat die Augen im Arm
auf den Arm genommene
Mutter, die Kindheit
der Schrei.
Schreien ist schwer geworden.

Was habe ich
verstanden
durch mich geht mir durch / Sein
Glasauge mein Wort.

Wort Ort
der Blindheit
gestochenes Auge / die Schrift.

*

SCHÖNE ZEITEN als
Sterben natürlich
Hilfe war.

Oder ist auch heute
noch alles hinter der Augen Wand?

Nie
wie es auch Abend wird aus Augen
gewunden / das Leben Sinn der Feuer Ton

Licht das sich nie sieht.

VOM SIEBENBÜRGISCHEN STAUB

Für Franz Hodjak

Immer schon zog mich an
der Ort, wo nichts geschieht,
so leck ich am Holz der
Schüler Treppe, im Stunden
Turm küß ich die Wochen Puppen
am Pfarrhof die Folianten. Aus
ihrem Staub schuf Gott uns früher,
Leute. Glocken läuten irr und Lachen
Moment steht still ist ungereimt
zur Unzeit menschenleer das Hirn
summt Wahn und Stummheit und zerreißt
die Sehnsucht. Stillstgestandenes Ich,
das dort nur bruch Los wirklich wär,
der Elende, dieser Heimattourist. Doch
Ewigkeit erlebt. Die stolzen Toten
reden sächsisch. Wagt er noch Ich
zu sagen. Ich höre frei das Herz
zu leicht: abwesend heutige Zeilen,
Rest des Bewußtseins der Letzten,
die mich vertreten, zurückgeblieben
wach und schwer der Staub, Gebeine
Grüfte und feuchte Mauern, dimpig
die Fahnen der Zünfte zu halten,
eisiger Frieden der Fliesen wehn
Genosse im Abschied letzter Atem:
vergangenes Vergehn

ist in der Ringmauer
zugeschichtet – mit Fledermäusen
totenstill.

KEINE JAHRE WIEDER
(Dezemberende)

Aber sie kommen wieder / alle Jahre
Ton mit Kreuz und silbern auch
die lila Glieder Schattenmann
Weide Eis und Trauer am Bach.

Tränt. Vergißt. Die Kopfhaut tauber.
Ameisenauge, Kind.
Trau dich Aber, Wasser, Wimper.
Jetzt, der Fluß beginnt.

Fließe Bild. Münchhausenweiter.
Weihnacht ist ein Eis im Schuh.
Abschied, reise immer weiter.
Klopft kein Tor an. Hat nie Ruh.

REIZ DES LEBENS, zu schreiben
weckt, macht frei. Fliegt ein
als Kind, was nie mehr sein kann,
hälts als Spiegel.

Schneewittchen, der Apfel fällt
nicht weit vom Baum.

Sieh, dort eckts an,

Paradies

auf der Zeile.

KANT hilft / nicht er dachte noch Denken
helfe. Liegend, nachmittags wußte ich, wie
zur Schulzeit, was mir felt, Und
hate es sofort wider
vergessen.

Es Hefe Nichts.
Näst und Nix. Doch
spielten wir im Heu
Blindekuh mit Mädchen
und mit dem Ding / an sich.

EIGNES VERBLICHENES
EPITAPH für eine Vaterstadt

Herzberge häufen Elegien dazwischen wir
Herbst Blätter Briefe aus dem Tod geschrieben:
Und im Großkokler Boten schwarzumrändert fallen sie.
Welt ist Nie. Ein Zischen aber. Sie werden hier / geboren.
Ein Ohr vernimmt die Laute an der Grenze die dich mitnimmt
Verhör Sekunde das Gericht jauchzende Röte frisch
Allerhergottsfrüh.

Aber draußen in München Geister frei
durch einen Großstadtverkehr.
Dein Reich ist gekommen.

Jetzt sind wir im Jenseits reich. Wie arm waren doch auf der
Erde: Fettflecken Fibel Stunden Türme Kutschen und die
Eselsohren alles ist längst verzogen
schreiend der letzte Knoten
im Hals ein gelbes tickendes Eis.

V

SCHRIFT AN DER FESTEN SCHWARZEN WAND

FAHL TRAT DER TRAUM, ein Kind an seine Hecke:
die ersten Sonnenstrahlen durch die Tannen schräg
morgenfrisch ins Freie und putzte sich die Zähne
am Katzenkopf mit Huflattich, im Mund Hauch Pfefferminz.

Die Mörder trugen kein Farbkleid. Und keiner blickte durch.
Mal braun, mal rot. Der Alte stirbt
auf dem Bock, und die Pferdeäpfel liegen im Staub,
Substanz aus dem Paradies.

Weißt du noch, wie sie alles retten wollten. Wie die Kerzen
den Schulberg verbrannten, weiß, Kleid und Kranz ein Marsch,
der die Toten weckte. Flämmchen vertikal und mild, ein
Zuhause. Feste Burg, einsam die Kirchenbänke unter Gesang,
wie unter Wasser. Und alles ertrank in der Predigt.

Dort schulten sie unschuldiges Braun,
bis es zu Erde wurde.

SIEBZEHN

Siebzehn einmal gewesen. Siebzehn
ist Ende, ist Anfang. Frauen,
Augenweiden, das blüht. Und geht sinnlos weiter.

Ruth, die Schwarze.
Fest der ersten Früchte.

Es war einmal ein Märchen, Schawouth,
mit Noahs Taube,
ich sah es unter dem Rock,
sie saß ja dort auf dem Dach.
Beth, unser Haus.

Joseph, mit Siebzehn verkauft,
sagt sie. Wir sind die lieben Zwei
und er die Zwanzig. Und Moses zog
mit Siebzehn aus.

Ich aber stand mit Siebzehn nackt im Schnee,
sagt sie, man wählte für die Kammern aus.

Dann bricht es ein: Ich habe überlebt.
Sie zählten bis Zehn
und nicht mehr weiter. Seither ist Ende;
alles tut weh; wir lebten nicht mehr.

Wisch mich aus deinem Buch.

SCHRIFT an der festen schwarzen Wand

ER starb. Wir zerschossen die Tafeln. Das Tetragramm mit der
Fünf, mit der Zehn. Und es knallt so dröhnend lautlos
in den Ohren die Schrift.
Kugelvokale, Konsonanten zischen, bellen an die Wand.
Die Frau, der Mann, die Zehn halbiert,
sechs Schützen sind die Tiere.

Ein Hall, dort, wie ein Kopf.

Und Einer, der schreibt, zersplittert, zerschossen, verbrannt.
Und Niemand ist ewig, die Toten.

Als wären die Toten ein Und.
Als kämen sie an im Satz,
mit einem Blauen Auge.
Die zweimal zweiundzwanzig Jahre.

Die Söhne, die vor den Vätern starben.
Und die Null ist schon fertiggeweint.

Name, der aufhebt und das Nie schon reimt.

Weißt du, er ist ein Versteck,
es tut weh,
und es heilt.

DIE TOTEN aber leben wieder auf,
ihr Blut rinnt zeilenweise durch den Kopf,
hörst du sie: stimmungsvoll, sie warten.

Was öffnet sich, ich schrei vor Leere, bin lebend
längst wie jener Baum / von innen kränker noch als ein Gedanke,
der überlebt und stimmt sich ein.

Und redet unter dieser Silbe, war ein Jetzt
und ist mit ihnen. Ein Gewisper, wenn schon lang
hier nichts mehr ist. Die Sonne aber scheint.

Ein wenig Kälteschock. Treibhauseffekte. Und alles
schön, als wärs ein Sonntagsfilm auf einem Bild-
schirm: dort, sieht, der GILBERT in Jamaika

will schneller sein als Luft und Schall.
Die Eigenzeit ist überspielt. Kein Ding mehr
darf es selber sein. Ein Flugzeug hängt dort

hoch in einem Baum, denn die Erkenntnis
hat's ihm beigebracht. Wir sind schon bei den Toten.
Der letzte Rauch vergeht. Fertig gemachte Ideen

entweichen / als Treibgas durch ein Loch
zu Niemandem mehr als / Gott.

JERASSIMOU

Aufrecht steht er in einer orthodoxen Kirche
auf der Insel Kephalonia, dem Kopf
im Meer, aufbewahrt für immer,
unverwest, im Sarg aus Silber und Glas,
wie Schneewittchen, doch für immer schlafend,
der Schutzgeist der Irren.

Sie kommen in hellen Scharen, Seelenkranke
und Epileptiker, jene, die tödlich getroffen sind,
Verletzte, die nicht mehr leben können, mit der
steinernen Wunde im Herzen, dem Weh. Steigen
den Hügel hinauf zum Kloster unter einer Platane,
schreiend, mit verzerrtem Gesicht und Gliedern,
spastisch zucken Arme und Beine, und vor dem Mund der
Schaum, ein Stottern, das Hiersein
ist Unzeit, geht hinter den Berg.

Sie, die schon hinüber sind.
Nur Tote leben noch, Jerassimou,
erkennbar als das, was für immer verschwunden: –
Es kann vom Leben heilen.

SCHESZBRICH BEI PETÖFI

Oder wer spricht, Magyar,
im Korn, mit der Flinte; Herr Tod.
Bergglocke Später. Blumen blau
wie der sprachlose Mund.
Dampfen der Pferde, Bremsen, –
wen, doch die Zeit nicht.
Ein Stechen ja, nachdem es geschah.
Ein Verschwinden, vermißte Tage,
der Rand, der wir sind.

WIE EINST HEUTE

Barfuß in die Morgenfrühe kühl naß
der Duft
die Tannenhecke strömte Tau
getränter Vogel
Laut im Gras
ein Zirpen

Heute die ungesehenen Gräser Frische Morgens
und die Sekunde Tor der Sinne kaum
verkehre ich mit dem Augenblick
der tickt jetzt
einmal und schon
nie wieder aber wie Trotz
die Vernichtung meiner Zeit

Im Tau die allerletzten
Menschen sind
wie Tränen Tropfen
sagt ein Kind

NUR DAS WORT (DIESE HEIMKEHR)

Nur das Wort
blieb im Stern
den du siehst
ist vergangen.

Die Könige
wandern voll Sehnsucht
dem Lichtjahr
der Kindheit entgegen.

Du hast noch immer
die Krippe
unter dem Arm.

Die Stirn
die Bahn am Himmel
ein Warten
als kämen wir noch an.

DER VATER MIT DEM SOHN
taucht auf im Hof.

Zum Tor hinaus, die Kutsche ist schon
angespannt. Die Pferde wiehern.
Ein Pferde Apfel dampft
im Paradies.

Die Wench. Jetzt fährst du
über Land mit ihm, dem Arzt.
Die Wunde suchst du auf.

Du Herzgespann,
die Ferne heilt und tötet,
Vergessen /
unter die Räder kommt
doch nur, was lebt.

SCHATTEN, EIN BLATT

Aufs Blatt geworfen,
solange die Stunde
hält,

ein Hof, sonst
stürzt du atemlos
hinab.

*

Zurück, zurück. Die Spindel Spur:
der Zorn nach vorn, nur was dazwischen
sinnt, kommt noch im Himmel vor.

*

Was sollte nicht vergessen werden?
Hier, dieses ist der Mensch mit einem dicken Kopf.
Und keiner weiß, woher er kommt.
Wohin er geht, als wär der Bienenstich
das Leben – die Allergie des Nichts,
besteht aus dem, was einmal war
und nicht mehr ist, sekundengleich
der Schlag, der dich nicht trifft,
weil du es weißt, so hüte dich.

*

Freund Sprache an-
gesichts der Bäume
das grüne Aber und
das Und, ein Maienlaub:
«die Breite» las ich
in der Schweiz auf einer grünen Tafel.

Wo aber bin ich hier im Kopf,
Festzüge, Karneval, Luzerne Vierblatt,
Rottweile Zeit zusammen.

Und wer, wer das wohl ist:
sei drinnen lang, ist
Transsilvania – erinnert
schon mein Jenseits,
was Trans hier bringt, wär
in den Wäldern der Geist,
auf einer Wiese reich verbrannt
das Mutterkorn unter der Sonne,
einem Mundblau Flieder die tödliche Hand.

Riechst du die weiße Blüte Kopf,
die Transparente, ein Spruch:
wär ungereimt der Spott dein Vater
Land?

*

Ein Zimmer. Fast ein Museum,
dort, wo man noch fühlen kann. Auszog
die alte Dame Angst, zu lernen und kam nie an.
Fast fiel er aus, der Zahn der Zeit.
Jenseits der Lippe. Was aber bleibt,
stiftet der Kopf.
Und verkehrt. Mit jedem.

Zwischen den Stühlen der Generationen
sitz Ich. Auf dem Tisch der Sprung im Glas,
hinüber ist das Herz gekommen, ein Riß.

Vor dem offnen Fenster ein Fluß, das andere Ufer
vom Wachstum, dem Gleichnis besetzt.

In summa, den Stuhl vor die Türe
gesetzt, ist ein Leben.

IV

OPTIK. GELENKTES LICHT

SCHNITT DURCHS GEDÄCHTNIS-RONDELL

Ponte Vecchio Florenz – ein Foto Jetzt
im Wasser, graugrüner Arno:
zweimal fließt es
nie, den Fluß im Blick. Er ist nichts
als der Lichtblitz
hält im Bild an und vergißt.

Neun Uhr zehn. Ein Augenblick
geht ins Grüne. War und hat sich aufgemacht.

Scharen von Leuten in vielen Sprachen
sehn zu, daß es weiter geht.

Und der Vers ist ersetzt durch ein Klicken.
Hier waren früher die Metzger
sagt unser Führer und übersetzt uns
die Brücke.

Anima segno del Dio vivente
Mesonen rasen durchs Hirn
die Landschaft ein Lichtblick.

Auf dem Fluß ein Vierer. Ruderer
legen sich in die Riemen.
Er gleitet geräuschlos zeitaufwärts vorbei,
bildet ein Kreuz mit der Brücke.

Bewegungen liegen darunter vergangene Detonationen
das Auge
in meinem Bewußtsein rückt zeilenweise
vorbei: unendlich das Ziel auf der Brücke
steht es von Ufer zu Ufer / sind wir
im Bild.

CASA BUONARROTI

Ein jedes Haus steht fest. Die Tage nie.
Jeder Stein weiß mehr. Wir aber
sind hier / unerlebt bis zum Ende,
wenn alles eintrifft, was die Toten schon wissen.

Zu früh gelöscht
bist du beim Sammeln deiner Glieder
wie der Posaunenwirbel in
die Note X

Alles vom Denken verraten.

Zum Strauch der flammte auf geht
mein Haus der Galgen
ein Baum von dem
ich wie ein reifer Apfel falle.

Ein Nein dann dem Alltag
diesem Steh als löse sich
das weiche Fleisch schon auf
gestaut versteint und wund
gestoßen an Frau Gewohnheit
namenlos.

GELENKTES LICHT

Einmal nur einmal
glaube ich
Sesam
                    öffne dich

Licht auch jetzt wieder nur
                        in Geräte-
Eingängen
                        wie Sesam einst
Straßen und Ali Baba
grasen im Mai ihre Maul-
                                Tiere
aber das Wort
passiert nicht mehr
                                Und steht
am neuen Tor
                    du rufst wie einst
im Traum die Zauberformel an
                                        aber die Höhle
                            sie bleibt zu

Und nur als Schatten kommt ein
schiefes Bild getragen als verlöschende Flamme
vorbei.

So öffne
Trotz ein letzter Gedanke
                                den Wortschatz.

NEGATIVE. Unbelichtet

Ein wenig Sonne für dein Foto. Noch
ist es nicht zu spät und schwarz auf weiß erwiesen,
Leben abgelichtet / ist nichts,
ist ein Phantom.

Du schöne Welt das kranke Röntgenbild
und wie ein Tumor ists
im Kopf
durchleuchtet.

Das Negativ, als wäre jedes Bild
jetzt möglich. Fertig gemacht, das Licht.
Die letzten Dinge auch, sie werden Nichts   und
wie im Auge keiner Gegenliebe.

Die Leute
sprach vergittert
durch Eis
bläulich die
Blicke Erfrorener.

Zerschlägst du die Blendung –
im kleinen Strahl der Hirn-
Syntax leuchtet sein Feuer.

FREIE ZEILEN
Fragmente

Nein, ich bin kein Prophet,
der alles weiß, Sein Sprach- und Steig-
Rohr heißts. Nein,

Sein ist nicht Staat machen,

Sein ist. Und fließt durch uns
reißt und zerreißt
was vor dir steht und steht
nicht in der Mandel

Bitter das alte Nichts.
Wie jung in allen Augenblicken
und aus
zu halten.

*

Rücksichtslos tun,
was dich treibt, –
gegen die Zeit / Verlust,
daß du lebst.

Ein Auf Atmen so,
wie du dich hältst:
gehörst nicht dir,

tu, was dich zur Berührung treibt,
ist ewig.

TOD. Kein Heil hier. Aufschub und schönes Vergessen, im Bild
im Satz. Die Macht des Schicksals längst verglüht.

Zeitlupe, Trost,
die Zenons-Schnitte ist jetzt machbar, bis die Sekunde auf-hört,
ein Klang, peilt sich die Todesstunde an,
du weißt.

Was sehen wir, was Michelangelo nicht sah?

Was einst WORT Gottes war, durchdringt als Elektronen
Mikroskop das Auge.
Die Siebzig Sprachen werden wieder Eine.
Dies hat das Licht, das unser Auge sieht, sehr alt gemacht.
So wie der Satz / verzehrt das Leben, la lingua, die Zunge
pfingstgesetzt.

Die Flamme, sing, Atom. Als Nichts sind wir entkommen.

III

DIE GRENZE BERÜHRT.
FARBEN DES VERBORGENEN NAMENS
FLIESSEN IN DIE ZEIT

MARIAE HIMMELFAHRT so oft schon
versucht sie es
in meinen Augen
der Waldrand grünt wie immer auch
heute im Schatten
erinnert Lichtkreis der Lampe Nacht

Wie vieles entgeht
mir sein Duft
Weißt du noch, San Francisco im Regen?
Und blauer Maisbrei in New York

Jetzt stirbt jemand
in Afrika und Beirut stürzt ein Kind schrie
wird geboren in einem Waschraum in Warschau
in Kronstadt die Lichter aus
krönt der Unsinn einen Alptraum
ein Flieger über den Wolken raucht

Welt Sekunde
die Undenkbare
stürzt hier ab
viel zu klein der Umkreis
beleuchtet Bewußtsein im Satz.

HAUS MIT DEM BAUMWAPPEN. PARMA

Dem Maler Carlo Mattioli

1

Sein Rock ist bunter als das Leben,
das ich kenne, ist
farbverkleckst,

anstatt der Löcher,
ein Baum mit Früchten,

und an den Früchten
wirst du ihn erkennen,

die Augen Blicke seiner Bilder
haben ihren Rock, sein
Leben. Das schenkt er
jedem, der noch sehen kann.

*

Er trägt zwei scharfe Brillen,
wie eine Lupe, die nach innen sieht,
den Baum, der in ihm ständig wächst.

Da er die Täuschungen, die optischen, der Welt
nicht sieht, erfindet er sie
in uns neu:
die Zeit, die endlich steht.

*

Da lern ich Farben riechen,
und das Auge schlägt sich an
am Rande des Verschwundenen –
steht ein blauer Baum, der
steht so still er kann,

damit die Zeit im Bodenlosen hält,
mich wiedersieht, die Schwärze
aufnimmt, Angst in seinem Haus.

Die geht auf den Zeilen alter Bücher,
und liest, was ist, zurück.

Erregt braucht mich ein Herz im Auge:
der Abgrund ist so frei. Der letzte Tag,
ein Sonntag ists zum Glück.

2

LA SCRITTURA NASCOSTA
(Körper Schrift, was ist)

Als wärst du
nicht da / und
strahlst nur,
weil wir sind.

Mattioli liest
dich wieder,
aus Erde

kommst du an.
Und liest im Holz,
und braun im Fasergitter,
vergilbt, was riecht, ist da,

was war nur existiert.

Dort ein Kanal, Moos, Flechten,
wie Inseln, der grüne Fuß im schwarzen Sumpf,
ein Weg, die Wasserstraße geht zum Meer, das
Rückgrat wie ein Wahnsinn flachgelegt und schwankt
verwundert, da zu sein, und daß mein Auge es noch
sieht.

Sehr spät erst lernst du sehn, und jetzt,
wenn es schon dunkel wird, wenn fast schon nichts
mehr ist, beginnts zu leuchten.

Als hättest du noch nie den Mohn gesehn,
und plötzlich ist er rot und eine Zeile,
die auf dem Wald geschrieben steht.

*

DANN LIEST ER mit dem Pinsel
in einem alten Buch. Und
setzt den Elektronen neue Farbe zu:

Dort ist noch immer datumsfrei 1671
Juli, Klosterhof, tritt ein mit einem
blauen Feigenbaum, da hängt sein Alphabet
noch immer, erschafft die Welt, und innen
singt am dritten Ast die Form.

Am Morgen kräht ein Hahn, doch nicht im Bild,
nur diese Hand, die dieses schrieb, die dieses
malt, sie leben noch im Pergament, der
Hauch, das Auge, das auf den Zeilen blieb.

3
PAESAGGI

HIER sind wir übrig: und,
geblieben, was einmal
war, geschieht durch uns.
Wir waschen hier / die Welt.

Im Augenblick der Sonnenstrahl,
Azur von Giotto her, die unbetretene
Ferne und das Meer, die Düne
wandert kaum, ist schwer durch uns.

Erschlägt das Steigen, sieh, wir sind
getrennt, vor uns der Sandberg, Sisyphos,
wer trinkt den Sand, und wankt die heiße
Wand hinauf, grau wie das Alternmüssen.

Doch oben fast Capraia, Staunen ohne
Schwergewicht, die Pinien scharf gezeichnet,
der Himmel kommt durch sie.

Das Fernweh ist auf Sand gebaut,
im Fallen,
das erlöst.

*

DAS AUGE WANDERT mit
dem Horizont, die Linie
hebt die Landschaft in
dem Himmel / auf,
der dunkel ist, verzehrt
die Täuschung Blau.

Und hebt den Himmel auf,
der schwarz ist, blitzerhellt,
und außer sich: Und
uns im Augenblick fast
wie der Tod vergeht.

*

WAS ALT IST fällt uns
heim, neu wie
die Einfachheit, das Leben.

So liest mit Doppelbrille auf
der Kummer,
nicht mehr da zu sein,

was war: und nicht
vergehen will.

So kommen wir
im Untergang nach Haus.

*

VERSILIA, SOMMER im Bild,
was wirklich ist, so
leg den gelben Sand, die
Düne wandert an den Nervenrand, so
leg die Blüte, die Idee im Baum,
die Augenweiße, Schnee und milchigblau, die
Irisblitze, Roter Apfel Mund, der Raum
ist feenweißer als ein Traum.

Die Paste Schwarz, sie ist wie
trocknes Blut, das aus den Dingen fließt,
so leg es aufs Papier, und tast die Spur,
was wirklich ist,
ist nicht mehr gut.

So riech die Sommererde hier, ein
Flimmern, heiß, die Augenuhr, das
Meer, das Land sind
dunkel, nur der Blick ist da, die Zunge,
der Geruch: vor dir das Farbenfeld: der

Bleiche Sand und Alles rinnt und
blutet grün schwarz violett
die Nacht ist rot,

er wurde wie verschont – ist dieser Mann,
lebt noch und baut im Nichts ein Herz
der Farbe: Immernie

und wohnt lang nach dem Tod
ein Leben durch die Augenwand.

Hier ist so lang
du noch verschwinden kannst

sein Land.

4
DER SÜNDENFALL. Kopie Cappella Sistina

Der Anfang ist ein Baum in
Seinem Alphabet.

Was auszuführen wäre, das ist
ein weißer Fleck, und steht
auf einem andern Blatt,

unfertig, wie das Leben ist,
damit es sei.

Der Sündenfall: Wer ihn
besetzt. Denn der verliert, was
möglich ist: sie
nannten ihn auch Gott, den Herrn,

der sprach den Baum.
Wer aber spricht uns
frei.

5
SELBSTPORTRÄT MIT EINEM KIND

Auf einen Blick
Jenseits der Tür, davor
das Kreuz, das nach dem Tode
steht. IM Rahmen
stehst du schon
der Tür / aus
ewiger Nacht

mit einem Fuß

Das Enkel
Kind, das dich umarmt
in Weiß steht
noch im Licht und
hält dich hier.

II

HAUPTS SACHE LICHTPUNKT DER ÖFFNET

HEBRÄISCHER BLOCK
kommt näher. Fels nach dem
Ende. Kein
Fließen mehr. Nach
dem Fall / Jahrtausendespät
versteinert das Hirn

Erschüttert,
aus dem Mund
kein Gott, Gebrochenes
Hier.

HINRICHTUNG
Nach einem Film von Scorsese, «Christus»

EIN KLIRRENDES FENSTER ERZÄHLT: Maria im Bild
am 9. November, schon kalt, Maria im Großen Wagen.
Am Starnberger See ein Kino. Wir
träumten, aufzuwachen – es ist ja alles wieder
gut? Gott aber ist/ der Tod. Und
hing noch immer mager dort oben am rissigen Holz, ein
schwarzes Röntgenbild, das Kreuz an Ihn genagelt. Er
schrie, den Kopf in die Ohnmacht geneigt, der Leib verkrümmt
und weiß. Die Haltung Blut und Schweiß drückt euch den
Atem ab. Sekunde, der Riß/ im Kopf das Hirn der Dornen.
Ein Lichtblitz in jeder Zelle. Sein Intervall: So geht es
weiter und weiter. Nichts ist entschieden. Erst aus dem Auge
des Fehlenden käme der Blick, der dich sieht. Du aber bist
nicht da, und alles geht weiter, immer weiter zurück, – ins
Letzte, das Mineral. Wo aber bist du, wo/ auf der andern
Seite des Feldes und rufst, und winkst so deutlich ein
weißes Ja,
wie der Frieden, der hier nie sein kann. Doch das Feh-
lende kommt. Schon pfeifen es alle Kugeln von den Dächern.
In die Fernsehantennen. Das Wirkliche bleibt unsichtbar. Wie
die Zeitlupe Trost oder der Schrecken: (Raumfähre Challenger
am Himmel, am Bildschirm verglüht der Vorschein und
vernetztes Licht,
live: der Tod am blauen Himmel.) Die Strahlen in
allen Zellprogrammen verändern den fehlenden Namen.

Er stieg vom Kreuz, nahm Frau Magdalena in seine
Arme und schuf Menschen. Er hatte also den Tod
besiegt. Wie jeder junge Mann wollte er
die Welt verändern, dann aber sah er ein,
alles ist so/ wie es ist.

Judas ging auf ihn zu und schrie: du Verräter, du Schuft.
Elender, dein Platz war am Kreuz, nicht im Bett.
Jeder Idiot kann Kinder zeugen, du aber, du gehörst
in die SCHRIFT.

Judas' Herz war ausgebrannt, das Leben vertan.
Und jener, den er verraten hatte, sprach ihm gut zu:
Höre, jung sein, heißt, die Seele fliegt zu hoch,
und fällt dann vom Himmel herab; das Erdenleben,
mein Freund, ist ein verdorren der Schwingen.

Aber, sagt er, wenn das Leben kein Blitz mehr im Hirn ist,
was soll ich damit, sieh, wie dumm sie alle sind, im Dreck,
Elend und Langeweile.

Der andere, der wußte, will ihn umarmen.
Rühr mich nicht an, ich glaube an nichts,
ich bin ausgebrannt, und bin ein Nichts, sagte
der Judas und schrie. Alt, doch
ein Kind, keine Reife, der Mann. Reife, die Resignation. Ja,
die letzte Resignation.

Wir werden uns in einer Stunde/ wiedersehn. Unsre Zeit ist
vergangen, im andern Blick, wenn wir vergehn.

SCHÖPFUNGSPROZESS. Gefangen

Engel mit den Inventaren –
wir sind verwandt in der Fiktion
mit uns und nie mit ihnen.

Ein Blitz nur
hier aus dem Namen
gefallen

Name – träum du nur träum
zusammengeführt und
zusammen

gefallen.

*

WER SIEHT GEDANKEN
wie sie sich im Kopf
drehn und vergehn. Weit Weg
gestottert.

Ein Baum vor dem Fenster, Wind
und sanfter Schneerest/ duftet.
Das tote Kind in mir hat
Jetzt davon gekostet.

Ein jeder Blick hinaus beweist
daß der Gedanke oben
reißt.

Ob ich herausgestiegen war weiß
ich es hier? Wenn ich schon
längst vergangen bin
verging es mit mir.

SINAI

Mit dem Zungenspitz zur Tafel
weder Zehn noch schwarzer Stein.
Griffel Staub und etwas leichter.
Besser ist die Eins gelacht
ganz und gar noch ungedacht
brennt dir schon der Fingersatz –
Spiel nur spiel mein Wortschatz weiter
in der Wüste Himmelsleiter.

DIE SCHIEFERTAFEL der Eins
ist mein Herz.

Wenn sie zerbricht
steht im Riß
die Leiter zum Himmel.

Von Sprosse zu Sprosse
steigt in mir
ihre Zahl
kleiner und kleiner
ins Niemandsland.

Dort stehe ich
mit dem täglich erbettelten
Engel.

GEISTERGESPRÄCH

UND einer kam aus dem Odenwald,
Ja, der Eschenbach, wie der hieß. Und
brachte die Blume Coleridges mit, Beweis
daß er nicht gestorben ist,
und ein Und, daß es ihn noch gibt.

UND
Es hängt am Himmel
für uns
an einem Woher
und Wohin täglich
ungewußt in den Mund genommen

erstaunlicher noch

es geht
weiter.

*

MILTON verfaßte
toskanische EndeCasyllabus

er hatte die Matière de Bretagne
gelb durchforstet und fand

am Abhang

augen
blicklich das
Paradies.

Die Leute gingen
in seine Verse hinein/ wie in einen Gasthof,
um vor dem plätschernden Regen
der Sekunden sicher zu sein.

ASSISI

Aus der Kirche fliegen
breit/ Türen und Fenster
Flügel, umbrische Nacht
mild auf die Wiese,

Schlagschatten
durchbrochen
von Stimmen.

Wo sie waren, wartet
der Tourist auf die Erde.

Ich war
einmal

war ich
einmal

hier?

Schleier des Bewußtseins,
wasserfarben wie Er,

kaum noch erinnert.

Damals lag er ja. Ein Ja
lag auf dem Nagelbrett
in Averna, sah
die Nacht nur, sah.

Die Tiere sprachen davon,
die Vögel, sie
verstanden kein Wort und saßen
ohne Arg auf den Galgen-
Bäumen. Blut floß
aufwärts, er aber sang sich Eins,
der Galgen Vogel am Altar, so leicht,
siehst du, er hob

die Welt auf.

WER NAH WIE DU uns in Narzissen kommt,
hat uns im Auge noch, solang wir sehen können.
Du hast in deinem alten unbewohnten Haus
den Geist, die Flasche leer zurückgestellt,
und jetzt bewegst du mir das Zimmer,
in einem Spiegel, der sich in mir weiß; die Flaschenpost;
als wäre Pfingsten gar nicht weit, in jedem Ding
noch etwas Atem, laß ihn mir einen Tag,
ich bin noch nicht so weit,

auch wenn der Ring um meine Stirne wächst;
noch bin ich eins im Blick mit dem Narzissenkopf,
weiß die Pupille, gelb die Krone,
und jener Augenblick von damals,
dreht seine Runde jetzt.

Es riecht nach Frühling, ER
ist jung. Nur was kein Herz hat
ist vergangen.

Weißt du, der letzte Sommer tanzt im Hirn,
Narzissen sind erinnert, du hast
dich hier am Ufer abgelegt,
dein Wort liegt da / in ihr im Sand.

Steht manches auch darin, wie in der Stunde,
wo Wasser sich vom Ufer trennt, –
ist jede Welle ein Versuch, dich zu erreichen;
ein Blick für dich, / in mir ist er in Form,
wenn ich ihn seh in der Narzisse.

Nicht ich, nein, du bist ihr als Herz erwacht,
sie lebt wie du, und wie mein zweites Bild,
das unbewegt in deinem Auge steht,
so daß dies Wort mich träumt.

JETZT GELEBT
zwischen Märchen des Kopfes
und zurückgekehrten Blicken
sie kommen vom Meer
durch mein Fenster

Zeit
belesen
und vergessen

Der ganz normale Satz
der Gewohnheit spielt auf
der Entfernung hinab zur ersten
schäumenden Welle am Strand

Unendlichkeit beginnt
im Auge

Zeit sagen sie
gelesen und vergessen
an der Oberfläche
des Jetzt.

I

NICHTS STOCKT. NULL. DER SCHOCK

DAS VERSTEINERTE BUCH

Nach Tonino Guerra,
Il libro delle Chiese abandonate

Man fand es unter dem Boden einer Kirche
ein Loch im Fundament öffnete den Einblick:
dort saßen Tote im Kreis und hatten noch ihre
Schuhe an den Knochen Füßen, die Zeit war
vom Fleisch gefallen.

Durch das Loch im Boden fand man den tieferen
Grund unter ihren Füßen, und so etwas wie eine
verwitterte Stille, den Stein, der kein Stein
war, nur im Vor-Schein ähnlich einem Buch.

Ein Forscher, er war erst 33, der hinabstieg, kam ihm
auf die Spur, und erkannte sie fortlaufend als Zeilen:
Tagebuch eines heiligen Mannes, der sie zurückgelassen
hatte, darauf liefen neugierig die späten Augen im
Licht. Nichts war zu erkennen, auch keine Spur vom
Schreiber, sie hatten seine Knochen als Reliquie ge-
stohlen.

Mit dicken Linsen wie ein Flaschenboden sah der Forscher
hinein in den Stein und entzifferte:

Noch einsamer als der Herr ist Niemand.

AYIN ODER AJIN

Auge/ unten
bewegst du die ganze
Erde. Höhlen
Duft der Wurzel
durchstreicht
das Nichts
jeden Blick, der
festgegraben war
im Schein.

DIE EKSTASEN DER MARIA MAGDALENA DE'PAZZI

Zehn Tage lag sie nur am Rand,
und sah hinab, vor Tod kam ihr
kein Leben vor; die Engel leckten
ihre Geißelwunden
mit ihrem Mund,
dem Durst.

Vor dem Altar schrie sie
ihn an, und spaltete ihm zungengleich
das Kreuz, ein irres Schweigen strömte –
rasche Silbenstöße, daraus Sekunden hart
wie Licht / und Wasser floß,
und Blut im Wort,

sie schwamm.

Ununterbrochen ihre Stimme sieben Tage lang –
als Glossolalie schlief und trank sie
nichts; acht Schwestern schrieben mit, sie
aß nur sich dort drin im ungesagten Wort, und strahlt
so starke Pfeile, ist katholischrot –
zuckendes Herz
Jesu stehst du fest am Himmel,
ein Pfingstlicht da herab. Es gibt
den Tod nicht.

Sie lacht, es hallt, sie ist.

Anhörung wärs, die Höhle
seiner Wunde: ihr Haus. Sonst Nirgendwo,
im Wort, das stirbt sofort im Raum und
fingert außer Augenweite
an ihren Stigmata
der unschreibbaren Hand.

Von ihm die große Größe, der Tafel Fluß
hineingeschwommen Verb, nie Schlamm mehr drüber.
Durchbohrt die langen weißen Glieder,
die Feder in der Iris eng beschreibt

landlos das Land und augenlos,
was sie gesehen hat ist Tod,
der uns erwartet; Zeit ist nichts.

Die Hoffnung hier, die allerletzte Zeile.

WAS NICHT IST. Rascheln nur Umblättern
meiner Bilder im
                    Hirn nur
noch sich auf
                    hält

an nichts fest, als an der verrotteten
                    Sehnsucht.
Unverlierbar ist die Frau, nur
gedacht. Liebe, die nie war
und mich um-
                    garnt
Penelope, ein Immer, Geschriebne –
                    kein Brief
als mein Abschied.

1

CORREGGIO war der anonymste
Maler, verborgen und nur mit den Augen
am Leben, arm, ein Unbekannter, und so
inkognito wohnend ungestört in einem Nirgendwo.

Dies Haus war eine Wunde wie ein Mensch. Er aber
immer in seiner eignen Zeit, war allein und
glücklich.

Vorweggenommen, ausgestandenes Aus,
hieß er Allegri. Und wer es weiß, ist
schneller, die Gedankenzeit. Der Name
fehlte ihm, so war Correggio keine Vaterstadt,
der Boden nur ein Name ohne ihn.

Malte Madonnen aus dem Raum
geschnitten. In seinem Leben ist
von einem Heute
noch immer nichts bekannt.

2

Nur Eier, Schinken oder Käse – die er aß,
erinnern ihn an seine Eigenzeit, wenn er
nicht malt. Das Unbekannte aber
wartet ihm als Spiegel auf und taut
mit seinen Bildern.

Zwei nahe Städte,
nicht wissend, daß Inkognito die Freiheit ist,
stritten väterlich um seine graue Asche.

So brach der Anonyme durch die Erde durch, die
besser deckt als jeder Freund vor dem Verrat.
Was offen wär, kennt niemand, nur die Heilige Familie,
die weder Ei noch solche Folge hat.

VERSAGT die
Wortzeit, Ungesehene,
sich ABER selber maß:
anstatt der Uhr,
Idee der Kürze
in ihrer Ewigkeit

ATOMUHR Quantensprung

So genau war Zeit
noch Nie
anstatt des Kerns
Zerfall verstreut sogar
in diesem letzten Vers

kehrt sie
mit mir nicht nur ins Mineral zurück
vergeht im Tod der sie noch kränker macht
verlischt in seiner Sprache
und läßt ihn hier den Ort
der nicht mehr ist
in einem fort vergißt:

Zeitoper die
rascheste Nanosekunde
ein Taktgefühl schlägt noch die Uhr

die nichts
zu allem macht / und diese lichte Welt
die schon gewesen war

zeitlos
zerstört.

WIE ES WEITERGEHT

Tritt aus dem Bild heraus

Erzählungen
Vom alten Herrn
Der Welt
Wie er regiert
Was sichtbar ist

Doch nicht mehr existiert

DER SPRACHBAUM, DER HIER STEHT

Manchmal habe ich diese Stimme im Ohr, erschreckend nah; ich stehe vom Tisch auf und gehe zum Fenster, übersehe die alten Bäume unten nicht; es sind zwei. Ich höre Nachrichten über den neusten Raketenunfall, diesmal in Deutschland, sehe dabei über die Zeilen hinweg in einen Olivenhain, in die Reihen der Reben, die mir wie längst vergangen erscheinen. Hängt es mit den zwei Bäumen zusammen. Diese alten Geschichten scheinen heute wirklich zu werden. Bei Kleist lese ich, wir müßten «wieder vom Baum der Erkenntnis essen, um in den Stand der Unschuld zurückzufallen», und dies sei «das letzte Kapitel von der Geschichte der Welt».

Die Welt ist ein großes Buch, ein kosmischer Sprachbaum; darin zu lesen, bis in den Aufbau der Atome, der Gene und Chromosomen, gelingt. Doch je genauer es entziffert ist, desto mehr nähern wir uns dem Verschwinden der Welt, jenem letzten Kapitel. Ist dies nicht vielleicht der Anfang einer schockierenden Heimkehr? Wir sind an einer Grenze angelangt.

Heute überstürzt sich die Zeit, der große Wandel hat im Osten eingesetzt; das Unvorhersehbare in seiner Unberechenbarkeit nimmt seinen Lauf; das dem Zeitsprung nicht gewachsene Bewußtsein bleibt zurück; es gerät, übernächtig, durcheinander wie beim Transatlantikflug, beim Überschreiten der Zeit- und Datumsgrenze.

Was aber unser Leben so möglich macht, wie wir es leben, zerstört es. Ich wohne in einer schönen Gegend, nach dem Verlust meines Landes wohne ich auf einem toskanischen Berg. Der Computer, auf dem ich dieses schreibe, das Auto, mit dem ich Distanzen überwinden kann, ermöglichen es mir, hier beziehungslos und frei meinem Handwerk nachzugehn. Mein Handwerk hat keinen goldnen Boden, es hat überhaupt keinen Boden, es geht mit der Schrift um, also mit der gegenwärtigen Unmöglichkeit, die weh tut, weil die Gewißheit, daß es Heimkehr gibt, in der Sprache berührbar ist.

Was jetzt in Osteuropa geschieht, scheint das Unvorstellbare, eine Heimkehr, wahrscheinlicher zu machen, die unerträgliche Trennung wenigstens zu mildern.

Je schöner die Gegend der Fremde, um so stärker der Druck, der doch heimleuchtet, wie eine Warnung ist, daß etwas nicht stimmen kann. Soll ich es Exil nennen? Der Zustand ist allgemein geworden. Und ich schreibe... Aber der große Riß läßt sich nicht mit Literatur... Nein, er läßt sich mit Literatur nicht heilen; nicht nur im Gedicht gibt es diese Erfahrung, daß die Hoffnung kein Hirngespinst, daß die Spaltung zwischen Innen und Außen, Denken und Materie Täuschung ist, auch die zwischen Kunst und Wissenschaft. Ihr neues Weltbild, das schon Einstein vorhergesehen hat, würde die jetzigen Grenzen des Vor-Scheins überschreiten, in jene Heimat kommen, an die wir jetzt schon angeschlossen sind, und wo geistige Prozesse, Informationen als Kern der Welt, sich selbst wissen. Aber machen nicht schon heute diese Prozesse Geschichte? Denken wird objektiv, lernt sich als mathematische Struktur selbst denken, erfährt sich als Ort, wo Naturgesetze offenbar werden, und beherrscht im Gerät – meist noch in verheerender Weise – Natur und Gesellschaft.

Doch die eruptionsartigen Prozesse der osteuropäischen Revolution arbeiten dramatisch im Sichtbaren auf, was im Innern der Geschichte längst schon latent da war: die Zerstörung fester Weltbilder und Sicherheiten, Ideologien und alter Machtstrukturen; so wird eine Öffnung vorbereitet. Es ist eine große Hoffnung. Es ist ein Wagnis und ein Risiko, sich dem offnen Augenblick, dem Unvorhergesehenen zu überlassen, diesen Mut gab es früher einmal, gesichert durch «Gottvertrauen»; jetzt ist es ein Salto mortale ohne Netz; ich gebe es zu, ich bin dafür nicht gut vorbereitet; ich habe ein Leben lang gegen die «totalitäre Seele» in mir gekämpft, gegen diese Abkapselung durch Gedankensysteme, durch Schreiben, durch Planung, Termine, all dies linderte die Angst vor den Überraschungen, dem Raubtier Augenblick, dem chaotischen Moment, der in seiner Sinnlosigkeit (Sinnlosigkeit?) und in seiner «Zusammenhanglosigkeit» schmerzte. Gleichzeitig ersehnte ich das Unbetretene, die weiße Gegend, dort wo im Inkognito alles Vorgewußte und Gelernte abfiel, sich mit dem großen Fernweh traf. Meditation. Östliche Philosophie. Das eingelöste Nichts der Kabbala, dort wo die Berührung mit dem «Einen» spürbar ist. Dieser Querschnitt durch den Augen-Blick, ein Blinzeln des Weltalls, der gesamten Relationen, die sich hier im Jetzt schneiden? Dieses Neue, die Öffnung, die Zerstörung jeder angemaßten Gewißheit: im Osten haben wir sie als Katastrophe eines Ost «Blocks» vor Augen. Wird jetzt Vorwissen, Vor-Urteil im Osten sozusagen als Staatssystem und Doktrin entlarvt: als mit Macht durchgesetzte Lügen? Es ist im Grunde genommen die auf den Hund gekommene okzidentale Lebenslüge. Und sogar im Zusammenleben setzt sich etwas Unvorstellbares durch: es funktioniert nur, was dem, was ist, entspricht. Und das ist nicht vom Menschen gemacht. Bei Musil heißt es: «Demokratie auf das Knappste ausgedrückt, bedeutet tun, was geschieht.» Der offne Augenblick also. Wer das Unerwartete erwartet, das Gegensätzliche aushält und das Gegensätzliche akzeptiert, für den gibt es keine Ordnung und kein Chaos. So sagt es ein Musiker, ein Schüler Cages: «Hinter der Suche nach Ordnung steckt der Wunsch nach Kontrolle» – der alten autoritären Masochisten. Die Jungen heute sind das Gegenteil davon, und sie haben die Revolution gemacht. Was seit 40 Jahren nur gedacht worden war: von Adorno bis zum Yoga, der Meditation und den Quanten, will jetzt Wirklichkeit werden. Die Katastrophe müßte als das Zukunftsgerechte gedacht werden. Und in alten Weisheiten, z. B. in der jüdischen, heißt es, daß der Glaube an das Unvorhergesehene eine besondere Art von realistischer Entsprechung dessen ist, was geschieht, eine Art Mitarbeit, denn eine Wende tritt schockartig ein und gerade dann, wenn niemand mehr daran glauben mag. Das Unvorhergesehene als das Komplexe, die Vernunft auf einer uns noch nicht zugänglichen Ebene eines außerhalb des Denkbaren gelegenen «Plans» auch in der Geschichte. Meinte dieses Kleist, als er sagte, wir müßten den Mut haben, wieder vom Baum der Erkenntnis zu essen, um unsere Unschuld des Werdens und für das Offne wiederzuerlangen? Gibt es diese Rückseite des Weltspiegels, um wieder ins Paradies zu kommen?

Der Fall am Baum der Erkenntnis aber ist das große Modell für das Zerreißen, Isolieren und Abreißen der «Frucht» vom Baum, dem «Einen», das Sichsperren also, das Entstehen der «totalitären Seelen». Vielleicht beginnt jetzt jener rückläufige Prozeß. Er ist im Sprachbaum der Kabbala als Modell angelegt. Und ich war glücklich, mich wie als Kind auf einem Baum geborgen zu fühlen. Aber mir wurde auch heimgeleuchtet. Es war anstrengend, nicht mehr glauben zu können, wie als Kind. Ich suchte ja die Zusammenführung, reichsten Sinn, der möglich ist. Er ist nicht nur bei den Griechen zu finden. Dieses «Eine» nennt die negative Mystik der Juden: den unerkennbaren «Namen», es ist jener «Grund» des Unvorhersehbaren, des Schocks aus dem Unvorstellbaren Raum, den uns die Zeit zugänglich macht, begrifflich, ja, mit der Sprache nicht faßbar, und doch da. Der Zugang dazu ist einfach ein Loslassen, in uns arbeitet dann der Traum, die Sprachphantasie, sogar der «Zufall», der nie ein Zufall ist; plötzlich sind wir wieder Glückskinder, an eine rätselhafte Fülle angeschlossen, die uns jederzeit umgibt, und die die Idiotie des Dauerplanens, so daß es kein Zulassen mehr gab, vertrieben hatte!

Jedes Nichtwissen, jede «Unsicherheit» führt aus dem Irrweg eines angemaßten Wissens zurück in jene Offenheit, woher das Licht, die Farben, der Name, ja, auch die Gedanken, die Träume und auch die Gedichte und Formeln kommen; dem stehn die kollektiven Wahnsysteme, die jede Öffnung in Ost und West abblocken und so die Welt einmauern, entgegen.

Ich hebe den Kopf, ich blicke von dieser Seite auf: Die Sonne ist auf den gegenüberliegenden Hügeln zu sehen, das Dorf wie eine Fata Morgana, weiß, rötlich. Und das Licht kommt wirklich, es kommt täglich, bleibt nie aus, wer läßt die Sekunden da vorrücken? daß sie nicht ausbleiben; darauf bauen wir. Und doch... Gegenwart blieb aus. Hat jener Grund, der alles so möglich macht, keine Chance?

Ich sehe meinen langen Tisch vor mir, an dem ich schreibe, sage: Tafel. Am Tisch sitzen, es muß alles verzehrt werden. Vergangenes häuft sich. Darin ersticke ich. Ich schreibe, ich versuche darin umherzugehen, suche eine aufgeräumte Zeile.

Der dichteste Ort der Welt ist der Kopf, der sie vernichtet, Spiegel des «Schöpfers», der nun zur Erschöpfung führt? Ich wehre mich dagegen.

Lesen. Schreiben. Jetzt in diesem Buch, das ich «Aufbäumen» nenne. Ich gehe durch seine Zeilen... Alles ist noch da und doch wie längst vergangen. Und nur noch die Sprache, letzter Widerschein eines möglichen Glückszustandes, leuchtet uns heim, macht die Abwesenheit schmerzlich bewußt und führt doch Unmögliches wieder zusammen, bis hin zum Totengespräch mit den Millionen Opfern; und auch heute – immer wieder neue Opfer, jetzt so nah wie nie, sie berühren mein Gedächtnis, sie kommen aus meinem Land; das Gespräch mit ihnen kann nicht zur Ruhe kommen. Sie stehn genau dort im Undenkbaren als Schmerz, Zeugen an der Grenze unserer Vorstellung. Sie kommen auf mich zu, und dort, wo sie sind, bin ich wieder zu Hause. Ich sehe in ihre vertrauten Gesichter, ich sehe sie am Boden aufgereiht, nackt; sie sind für das Kommende gestorben, das alles bisher Denkbare überschreitet; wir haben kein Bild davon, nichts mehr ist so, wie es gewesen war. An jeder Straßenecke, auf der Fahrbahn brennende Kerzen, Blumen. Es sind die Straßen, die mein Gedächtnis berühren, und doch sind es nun ganz andere Straßen. Alles bisher Bekannte, Gewisse ist ungültig geworden; und wir erleben wirklich eine Stunde Null, als wäre wieder Kriegsende:

Kindheitserinnerungen steigen hoch. Erinnerungen an das Baruchhaus auf dem Hof meines Großvaters in Siebenbürgen, wo ich geboren bin. Dort hatte ich mein erstes Menschengesicht gesehen, den ersten harten Gegenstand zögernd betastet, Tages- und Lampenlicht zum erstenmal gesehn. Gerüche aus der Küche... Und es war vielleicht Samstag. Mirjam aber, die schöne schwarzäugige Jüdin, sagte, wir haben den Sabbat. Der sei schön. Und beginnt schon Freitagabend bei Sonnenuntergang. Wiederholung des Weltuntergangs. Eine Ruhe, eine blaue Königin, eine unsichtbare Ätherblume des im Großen Ganzen Geweinten. Fest auf jeden Fall, wo alles aufhört, stillsteht. Nichts mehr geht weiter, die Pause tickt, der Übergang winkt, ein großes Delta, in dem der Liebe Gott mit allen Engeln stromaufwärts schwimmt, uns und der blauen Königin Schechina zu. Wenn du still bist, sagte Mirjam, dann kommt er auch zu dir.

Ein Fenster ist vor mir, ein Glas, das ich durchdringen muß. Die Hände aber bewegen sich auf einer Klaviatur mit Buchstaben, ein weißes unbeschriebenes Blatt vor mir. Alles noch offen? Zwischen Fenster und Blatt ist ein Abgrund; als wäre darin eine Tafel zerbrochen. Hat der Herr G. bei seinem Verschwinden nur noch seine 24 oder eher 22 Buchstaben zurückgelassen, sonst Nichts? Und die Hand springt wie ein aufgescheuchtes Tier, Finger fleischbedeckt, Haare, Flaum, darunter weißlanggezogen Knochen, Gelenke, tief darunter das Skelett. Tief? Es wird mich überdauern, wie dieser Satz, in dem es sich verfängt.

Den Grund des Hebräischen ins Deutsche bringen, genau damit beginnt dieser Satz. Der alte Gott der Kirchen ist mit dem Wissen von ihm längst tot. Mit ihm auch das, was wir Zeit nennen. Ein totaler Bruch. In den Zeilen am Ende immer ein Abgrund.

Mirjam war «dort» gewesen, an jenem ORT, dessen Namen jedem geläufig ist. Heute. «Ich aber stand mit Siebzehn nackt im Schnee, / sagt sie, man wählte für die Kammern aus... / Ich habe überlebt. / Sie zählten bis Zehn / und nicht mehr weiter. Seither ist Ende; alles tut weh: wir leben nicht mehr. // Wisch mich aus deinem Buch.» (Siebzehn)

AUFBÄUMEN. Dieses «Aufbäumen» geht davon aus, daß der «Baum sich auf-bäumt». Darin überschneiden sich mehrere Sinnebenen. Revolution. Sich auflehnen; und das Bild der verbrannten Toten auf einem Rost, Leiber, die sich im Feuer krümmten und sich jetzt am Rand meiner Stadt wieder auf Scheiterhaufen krümmen, wie damals; die Henker sterben nicht aus; das Paradiessymbol Baum und der Sprachbaum der Kabbala sind weit. Der Baum als Golem und Rakete. Als Mensch, als Rauchwolke. Und schließlich, die Vorstellung, daß nach der kommenden Katastrophe der Mensch wieder als posthistorischer Affe auf den Bäumen leben wird. Und dann – die Negative Schrift; Sprachbaum des Teufels, – Paragraphen, Todesurteile, Folterverordnungen. In unserer Gegenwart am schlimmsten zu Hause: («Es gibt dort einen Mann, der schreibt, der redet... / Im Wort vereist der Federstrich, und sensengleich mäht er die Felder, die Dörfer... / Der Mann, der Tod, der lebt.» (Gesichter) Diese Schrift in Parolen, Losungen, Dekreten versucht die andere zu vernichten! Doch sie ist unzerstörbar:

Jene, die am Anfang war, der Anfang war: das Wort. Der Sprachbaum, vibrierender Wellenbaum des Alls, er wird nicht mathematisch, sondern poetisch oder «poiëtisch» (alte Lehre vom Bau und der Struktur) in der Genesis entfaltet. Ihre geniale Proportionslehre (im Hebräischen) freilich läßt sich nicht in unsere Neusprachen übertragen, denn in jener Vor-Babel-Sprache liegt hinter dem Namenssinn noch der Zahlensinn, da jeder Buchstabe gleichzeitig Zahl ist, und so ein hintergründiges Bezugsgeflecht entsteht, das im Satz oft mehr aussagt als die Erzählung, die naiven Geschichten also vom «Sündenfall», von Adam und Eva, von Noah und der Sintflut oder von Kain und Abel. Wir tun es, wir gehn damit um seit Kindestagen, und wissen es nicht. Die Katastrophe der heutigen Welt hat damit zu tun. Aber auch damit, daß Zahl und Name auf tödliche Weise getrennt sind. Wir alle gehen täglich mit den elektronischen Haustieren, wie Radio, Fernseher, Computer um, die die Zeit und Raum überschreitenden Tiefendimensionen in unseren Alltag holen; doch diesem Eingriff in die Natur durch die Technik war das Bewußtsein und die Moral entzogen. Jetzt hat sich dieses in Osteuropa umgekehrt; die Medien überschreiten jede Grenze, kein Wachturm, kein Stacheldraht hindert sie daran; sie haben Zeit und Raum wirklich aufgehoben, ein neues Bewußtsein hergestellt und eine neue Moral; sie haben die Revolution möglich gemacht! Und ihre strategische Zentrale war in Bukarest das Freie Fernsehen.

Wir stehn also nicht mehr nur zitternd unter dem alten Baum der Erkenntnis. Und im Westen? Wagen wir hier nicht, zum zweitenmal davon zu essen, damit uns die Augen nicht wirklich aufgehn!?

Es paßt zu den Absurditäten des Okzidents, daß er mit einem ungeheuer wichtigen Teil seiner Kultur so umgeht, wie er mit dem meisten umgeht, das nicht in sein rationalistisches Konzept paßt: verdrängend, ausklammernd, hassend. Hassend, wie der Sohn seinen Vater haßt. So auch mit dem Hebräischen, dem Jüdischen und dessen gesamtem Kosmos, wo Zahl und Name, Tun und Transzendenz noch zusammengehört hatten. Der Westen ist noch bei der Negativen Schrift, die ich hier erinnere:

«ER starb. Wir zerschossen die Tafeln. Das Tetragramm mit der / Fünf mit der Zehn. Und es knallt so dröhnend lautlos / in den Ohren der Schrift. / Kugelvokale, Konsonanten zischen, bellen an die Wand... / Und Einer, der schreibt, zersplittert, zerschossen, verbrannt.» (Schrift an der Schwarzen Wand)

Der hebräische Sprach-Baum der Kabbala ist das Modell für die Struktur dieses Bandes, er ist aber verkehrt gedacht: mit seinen zehn Ästen von der Zehn bis zur wortlosen, nicht ausdrückbaren Eins ist er auf den Kopf gestellt, geht von der 10 zurück zur 1 und zur Null, wie beim Countdown: «Null, 10, 9, 8, 7, 6, 5, 4, 3, 2, 1... Null. / VOLLE LADUNG, die Welt / ein Tumor an der Schläfe. / Schreib / ab.» (Sphärenklang) Anstatt Schöpfung – die Erschöpfung der Welt. So gehn auch die Kapitel, die einem PROLOG NACH DEM ENDE folgen, zurück von der Zehn zur Eins. Und das Prinzip des Rückwärtsgehens und vom Ende her Lesens wird auch in einzelnen Gedichten angewendet. Ab der Mitte des Bandes ist auch das Rückwärtslesen so angelegt, daß die zwei Zeitbewegungen, eine in die Zukunft, die andere zurück in die Vergangenheit gehen. Die beiden Bewegungen – innere Zeichnung einer Sanduhr – werden zu Versen.

Die zehn Kapitel haben wie die Äste oder Sphären des kabbalistischen Sprachbaums eine Beziehung zur Bedeutung der ersten zehn Zahlen und Buchstaben. So zum Beispiel I, das letzte Kapitel, das den Bogen zum PROLOG NACH DEM ENDE schlägt, und NICHTS STOCKT. NULL. DER SCHOCK heißt; es ist nach der unaussprechbaren, undenkbaren Eins (denn ausgesprochen wäre es schon Zwei) und nach dem ersten hebräischen Buchstaben Aleph, der nicht geschrieben werden darf, eigentlich zum Schweigen verdammt.

Die SCHRIFT, auch die heilige, beginnt mit dem Geteilten, der Zwei, mit B, dem Beth: «Bereschith bara», «im Anfang schuf», aber eigentlich im Kopf schuf, denn Resch heißt Haupt, «reschith» Hauptsache KOPF. Das II. Kapitel ist ihm gewidmet: HAUPTS SACHE LICHTPUNKT DER ÖFFNET. Die 20: Kaph, ist die schaffende Hand. «Gott» hat ja die Welt aus der schwingenden Information der «Sprache», aus den 22 hebräischen Buchstaben und Zahlen (Sephira = Ziffer, Zahl, Kräfte, Sphären) erschaffen, und Kabbala heißt «Macht der 22» (Kaph = 20, Beth = 2, La ist das Wort für Macht).

Die sieben Schöpfungstage hängen mit der Tiefenstruktur der ersten 7 Zahlen und Buchstaben zusammen. Die ersten sieben Kapitel (10–4) von AUFBÄUMEN haben deshalb eine Querverbindung zu den sieben Wochentagen und ihren Bedeutungen. Doch sie beginnen erst mit dem vierten Kapitel. Denn Kapitel III–I sind der sogenannte Urraum (Zimzum), der «achte Tag», jenseits von Zeit und Geschichte, doch zugleich in ihnen verwoben: I Null, II Lichtpunkt, III Grenze oder das Hinabgehen in Klang und Form. Dieses Hinabgehen ins Materielle ist sehr nah an den Modellen der heutigen Informationstheorie: Erst die Erscheinungsform im Kopf als Wissen des «Lichtpunktes», als Nulldimensionalität des Reschith (allerdings immer noch als berührbare Unendlichkeit) ermöglicht es dem Urlicht, jenem, das täglich hier auftaucht, wir können uns darauf verlassen. Damit diese «Eins» hier in der menschlichen Welt überhaupt erscheinen kann, braucht sie die Umhüllung, Begrenzung, den «Palast der Bina», der III. Sphäre.

Was hat aber die «Macht der 22» mit diesem Text zu tun? Mit uns, mit der Gegenwart? Ich werde kleinmütig, wenn ich so frage. Weder die Alltagserfahrung noch die Denkgewohnheit liegt da richtig. Die Revolution, gar die ontologische liegt weit. Wir haben einen Schleier vor den Augen, vor dem innern Auge. Die Leute sind wie gelähmt; es muß eine schlimme Infektion sein; an ihnen spürt man keinen Bruch, lauter Privatmenschen in einer selbstgezüchteten Idylle, die ebenfalls eingemauert ist. Und wehe, es rührt jemand daran. Diese verlogne Spießerruhe ist identisch mit dem Realitätswahn einer gemeinsamen Halluzination, doch hart wie Beton. Daran muß sich jeder den Schädel einrennen; und schon viele haben ihn sich eingerannt, sind kleinmütig geworden. Und ich weiß doch, daß die Zeit, die diesen Kleinmut bewirkt, genau das Gegenteil heute nötig hätte. Sich mit allen Gedanken wieder «anschließen», im Blitz der Einsicht und des plötzlichen Verstehens: an jenen großen Baum der Information, um so an jener Fülle teilzunehmen, die immer da ist. Dieser «Baum» wirkt jetzt plötzlich auch über die politische Nachricht, die im Osten Revolution gemacht hat.

Heute ist die Trennung von uns selbst, also von der Hoffnung, der Erfüllung, der «Eins» also, und manche sagen dazu noch «Gott», als Riß und latente Schizophrenie spürbar. Dieser Riß geht durch alles hindurch, macht alle und alles krank. Wir sprechen von ökologischen, von atomaren Gefahren und Katastrophen, von steigenden Selbstmordraten, von Krebs, von Aids, von Neurosen und von überfüllten Heilanstalten und von Herointoten. Der Lebensnerv auf der Erde wird vom Raubbau, der eine brutale Störung der Natur und innern Natur ist, eine vom kosmischen Baum abgerissene Frucht, tödlich getroffen. Doch der Drang, diese Falschheit zu überwinden, ist schon fast schmerzhaft, äußert sich überall, auch hier in dieser Zeile. Wäre dieser Lügenzustand doch nur so greifbar und politisch so faßbar wie im Osten! Es ist zu befürchten, daß jetzt nach der Revolution diese ontologische Krankheit auch ihn erreichen könnte! In dieser Welt des alten Wahns ist die Revolte kein Aufbruchszustand, es sind Altersbilder und Negationen: Im Negativbild erst scheint Wahrheit auf. Ohnmacht, die sich einmischt in die Mimesis des Erhofften. In der Literatur erscheint es noch in «Worthöfen», und an Sinn- und Sprachrändern allein ließe sich das Nichtssagbare an-gehen, dieses ausgespart, denn auch die Sprache kann nur Ausdruck des Weltentzuges heute sein, sie ist ja selbst der Schnitt durchs Ganze, ein Eingriff, Form des Vergehens. Und die Metaphern und Bilder sind infiziert davon und vom Gedächtnis an das Vergangene, Grauen, das in ihnen tickt: ein höhnisches Lachen, wenn vom Schönen die Rede ist, und es zugleich suchen. Hohn, angesichts des massenhaften zeitgenössischen Todes, der von jenem Schnitt selbst abgeleitet und aus dem «Wissen» in die Instrumente und Waffen und Todes-Anlagen gekommen ist; es müßten alle Tropen, Metaphern, Sinnkonstruktionen ad absurdum geführt werden, der Autor müßte in die Schrift verschwinden, sich aufgeben in der Sekunde des Einfalls, im Gedicht einer radikalen Umkehr aller Vorstellungen und Worte Platz machen; ein Funken Hoffnung im Satz, wie jeden Abend vor dem Schlafengehen als Kind.

Im kleinen Blitz der Intuition und Ekstase Nichts als ein Schimmer also. Ja, auch dies, schon Zukunftsmusik mitten in der Verzweiflung, das ist ja die schizophrene Spaltung unseres Zustandes. Aber diese alte Hoffnung wirkt schon überholt und abgestanden und möchte sich an den Ereignissen, die ein Tor aufstoßen, erneuern, wieder jung werden; denn jeder Poet ist wie der Wissenschaftler an das Noch-Nicht-Gewußte, den alles bedingenden apriorischen Grund (das Eine) durch seinen Einfall gebunden, keine überholte Spezies, nein, er taucht dort ein und holt ein unbekanntes Lebewesen vom Grund ans Licht.

Manchmal (vor allem im VII. Kapitel, TOD, DER LEBEN KANN) ist es ein Gespräch mit den Toten, die auf einer Ebene mit mehr Bezügen leben – schon im Undenkbaren an der Grenze unserer Vorstellung, ziemlich nahe in der Reihe des Zählbaren mit der Eins und dem Einen, nicht mehr getrennt und gespalten, sondern in ein anderes Gedächtnis heimgekehrt.

Es wird möglich, sich jenem Glück zu nähern, das wir schon hier empfinden können, wenn das Netz der Zusammenhänge dicht ist und reich. Auch wir freilich wissen genauso wenig wie die Spinne, wie wir unser Netz weben, das dauernd zerreißt, und wir Schmerzen empfinden, weil wir im Zerrissenen leben müssen. «Unsichtbar schmerzt ein Papierkind.» (Schatten, ein Blatt)

Berührung wird erst möglich in Zuständen zwischen Leben und Tod, in Sphären, von denen wir durch den Körper getrennt sind. Und diese Art zu denken ist tabuisiert, mit Vergessen geschlagen. Die Berührungen sind auch da in Zeiten der *epoché* wie heute, zwischen zwei historischen Zuständen, wo sich alles umkehrt, wir meinen zu träumen und trauen unseren Augen nicht mehr angesichts der Öffnungen. Doch der Zustand dieser alten Welt geht parallel dazu weiter! Und es ist so, daß viele Menschen täglich Depressionen, den inneren Druck, den Todeszustand fühlen. Günter Kunert sprach von «neuen Leiden», die wirklich neu seien. Diese Krankheit entspricht dem radikalen Nachher, in dem wir leben, als Gespenster der Geschichte.

Auch gibt es keine «Einfühlung» mehr in Kind und Kegel etwa, in einen Baum, in eine Blume. Es gibt sie ja nicht mehr. Es gibt nur noch Namen dafür. Sie selbst aber sind deutlich am Verschwinden, und wir halten davon nur ein wenig Erinnerung fest, deren falsche Zusammenhänge so etwas wie Wirklichkeit suggerieren. Die erinnerte Welt selbst aber gibt es, nun schon fast augenfällig, nicht mehr. Ein altes Haus, einen Fluß, in dem noch Fische oder Pflanzen leben können. Zeit ist passé, nicht mal einmal, geschweige denn zweimal kann man im gleichen Fluß baden. Wer könnte da noch seinen Augen trauen! Zum Beispiel einem blauen Meer.

Ist der Autor also ein unverbesserlicher Pessimist? Nein. Das VII. Kapitel spricht vom TOD, DER LEBEN KANN, von der Geduld, mit der auf das Unmögliche gewartet werden muß.

Es ist eine Absenz, die das Schreiben bis hin in die Satzfügungen bestimmt, aber es ist durch den Abschied vom festen Boden wissender und reifer. Die Heimwehkrankheit, die Sehnsucht nach einem bestimmten Ort ist klein geworden, ist vom Ende unserer Zeit, das wir jetzt erleben, überholt, nur noch ein Zeichen für einen anderen, von ihm selbst verdeckten Widerschein großen Wandels, den wir noch nicht begriffen haben.

Von oben, vom III. Kapitel an (DIE GRENZE BERÜHRT) und vom X. Kapitel an von «unten», dem JETZT (WER IST NOCH AUSGEWIESEN), kommen die zwei gegenläufigen Zeitbewegungen.

Aber jeden Augenblick ist der Einbruch des Unvorstellbaren möglich: dieser Einbruch hat begonnen sich zu zeigen.

Dieses Unvorstellbare aber kann nur im Offnen erscheinen. Es ist eine Umkehr, eine Tabula rasa, eine Re-Volution, Abwesenheit all dessen, was bisher mächtig und wichtig schien. Bisher haben wir nur die Negative Abwesenheit gespürt und das Exil. Jetzt wird ein Spalt sichtbar, ein «Abgrund in den Lücken des Seienden», wie Gershom Scholem dieses positive «Nichts» bezeichnet, der «innerste Ruck» der Zeit, der die Perspektive völlig umkehrt.

Das letzte, oder erste, Kapitel von AUFBÄUMEN: NICHTS STOCKT, faßt alle andern zusammen. «Nichts» ist im Hebräischen: Gott. Ayin heißt Nichts. Es ist zugleich Name eines Buchstabens, er hat die Bedeutung von Auge. Dieses letzte Kapitel, das Eine als treibende Absenz, ist in allen andern enthalten, ein sich ins Absolute verwandelndes Heimweh, ist die Substanz des Fehlenden, Hohlform unverzichtbarer Hoffnung, seiner nirgends erkennbaren Gestalt: «Nichts ist entschieden. Erst aus dem Auge des Fehlenden käme der Blick, der dich sieht. . . / Doch das Fehlende kommt. Schon pfeifen es alle Kugeln von den Dächern.» (Hinrichtung) In diesem Gedicht ist von der Kreuzigung die Rede. Sogar von Christi Resignation am Kreuz, die Absenz des Andern zwingt ihn zur «Vernunft», er steigt herab, er heiratet. Diese «Vernunft», die Sonde der großen terroristischen Staats- und Ausdrucksmaschinen, erledigt jeden mit der Zeit. Nur wer es schafft, sich von dieser Vergiftung zu befreien, kommt einem unverfügbaren Rest, einem unerschöpflichen Reichtum, jenem Offnen nahe, das sich beginnt zu zeigen, einer Fülle auch der geschichtlichen Möglichkeit, die sich jeder Berechenbarkeit entzieht und jedem «Plan». Es ist kein Wunder, daß das religiöse Bewußtsein wächst, ein Zentrum der revolutionären Bewegung im Osten ist. Auch in diesem Punkt müssen wir umdenken lernen!

Im Poetischen ist es wie im Leben, die Untätigkeit, das Lernen der Langsamkeit ist ein höheres Gut: Die vergessene Pause der Sinne wahrzunehmen, um jenem Einbruch eine Chance zu geben; sich zurücktreten lassen, wenigstens im Wort, bis hin ins Gedächtnis eines Grashalms, eines Vogelgesangs, der zerklüfteten Steine oder des Meeresgrundes, den wir voller Schrecken manchmal sehn, indem wir den Atem anhalten und fast ersticken beim Tauchen, und beim Sehen des Grundes. Doch seit kurzer Zeit sind die Gründe auch im Alltag sichtbar geworden; und wenn ich jetzt an mein Land denke, hat sich jeder Gedanke, jedes Lebensdetail, ja auch die Erinnerung verändert, es ist so, als wäre der Anfang gemacht mit jenem Zustand, «daß jedes, als von unendlicher Umkehr ergriffen, und erschüttert, in unendlicher Form sich fühlt, in der es erschüttert ist», jenes, das Hölderlin die «Vaterlandstage» nennt: «vaterländische Umkehr ist die Umkehr aller Vorstellungsarten und Formen», der privaten, politischen und auch der religiösen; dieses wäre der Vorgeschmack jener Heimkehr, für die es sich gelohnt hätte zu leben.

Pieve, November 1989 / Januar 1990

INHALT

PROLOG NACH DEM ENDE
Es ist längst ausgestanden 8

X
WER IST NOCH AUSGEWIESEN
Fragmente für das gewesene Kommen 10
Hölderlin 11
Und was mir fehlt 12
In unserer schwarzen Strahlenbox 13
Einem, der nie ankam 14
Das Gedicht 16
Sphärenklang 17
Chronokratie 18
Etwas dagegen unter nehmen 20
Leuten begegnen 21
Unweit von Pisa 22
Lichtjahr der Miniaturen 23
Meine Erfahrungen 26
Klopf nicht an die Tür 27
Paganini 28

IX
TOR EINER SINNENROSE,
DAS LUSTSYMBOL DER RISS
Kühl gestern Nacht 30
Tradition 31
Herzblatt. Frauen. Opfer 32
Keine Erhebung mehr 32
Zwischentöne 33
Der Fall. Die Rede 34
Schön 35
Lähmend 36
Kleine Beobachtungen 37
Augentier 37
Wirklichkeitswahn 38
Gleichnisse 39
Jahre, vermessen 40

VIII

ECHO. SPRACHE, DIE BRÜCKE

Rings um mein Zuhause 44
Walt Whitman und der Bussard 45
Acedia 46
Hieronymus in der Zelle 47
Wie hast du mich gequält 48
Eingestimmt 49
Trost des wiederholten Abschieds 50

VII

TOD, DER LEBEN KANN

Gestern gehört 52
Vergessen 53
Der Zeitpunkt 54
Gesichter abgehärmt 55
Letzte Grenzgänge 56
Ein letztes Mal 57
Blumen, dort 58

VI

WAS VERGING, WILL LEBEN. UND ES WIRD ÜBERGANGEN

Das Püppchen 60
Vom Siebenbürgischen Staub 61
Keine Jahre wieder 62
Reiz des Lebens 63
Kant 63
Eignes verblichenes Epitaph 64

V

SCHRIFT AN DER FESTEN SCHWARZEN WAND

Fahl trat der Traum 66
Siebzehn 67
Schrift 68
Die Toten 69
Jerassimou 70
Scheszbrich bei Petöfi 71
Wie einst heute 72
Nur das Wort 73
Der Vater mit dem Sohn 74
Schatten, ein Blatt 75

IV
OPTIK. GELENKTES LICHT

Schnitt durchs Gedächtnis-Rondell 78
Casa Buonarroti 79
Gelenktes Licht 80
Negative 81
Freie Zeilen 82
Tod 83

III
DIE GRENZE BERÜHRT. FARBEN DES VERBORGENEN NAMENS FLIESSEN IN DIE ZEIT

Mariae Himmelfahrt 86
Haus mit dem Baumwappen. Parma 87

II
HAUPTS SACHE LICHTPUNKT DER ÖFFNET

Hebräischer Block 94
Hinrichtung 95
Schöpfungsprozess 97
Sinai 98
Die Schiefertafel 98
Geistergespräch 99
Assisi 100
Wer nah wie du 101
Jetzt gelebt 102

I
NICHTS STOCKT. NULL. DER SCHOCK

Das versteinerte Buch 104
Ayin oder Ajin 105
Die Ekstasen der Maria Magdalena de'Pazzi 106
Was nicht ist 108
Correggio 109
Versagt 110
Wie es weitergeht 111

DER SPRACHBAUM, DER HIER STEHT 113

DIETER SCHLESAK wurde 1934 in Schäßburg (Siebenbürgen) geboren, studierte Germanistik und war von 1959–1970 Redakteur der Zeitschrift «Neue Literatur» in Bukarest. 1969 übersiedelte er in die Bundesrepublik und lebt seit 1973 in Stuttgart und der Toskana.
Er veröffentlichte Essays und Prosa («Visa. Ost West Lektionen», 1970, «Geschäfte mit Odysseus», 1972, «Sozialisation der Ausgeschlossenen. Praxis einer neuen Psychiatrie», 1975), die Gedichtbände «Grenzstreifen» (1968), «Briefe über die Grenze» (1978), «Weiße Gegend – Fühlt die Gewalt in diesem Traum» (1981) und den Roman «Vaterlandstage und die Kunst des Verschwindens» (1986), für den er 1989 den Schubart-Preis erhielt.

Bildmeditationen in «Der neue Michelangelo», Bd. 1 und 2, Luzern 1990.